Silvia Weidinger

AF667587

Selbstliebe
Das Tor zu deiner Göttlichkeit

Silvia Weidinger

Selbstliebe

Das Tor zu deiner Göttlichkeit

Rediroma-Verlag

Bibliografische Information der Deutschen Nationalbibliothek:
Die Deutsche Nationalbibliothek verzeichnet diese Publikation in der Deutschen Nationalbibliografie; detaillierte bibliografische Daten sind im Internet über http://portal.dnb.de abrufbar.

ISBN 978-3-98527-779-7

Umschlagillustration: Olga Strel (shutterstock.com)

www.rediroma-verlag.de
8,95 Euro (D)

Inhalt

Vorwort

Einen Tag, nachdem ich das Manuskript für mein erstes Buch an den Verlag geschickt hatte, habe ich während meiner täglichen Mediation von der Geistigen Welt den Titel für mein zweites Buch erhalten. Ich dachte zuerst: Das kann doch nicht wahr sein. Kaum ist das eine Buchprojekt abgeschlossen, wollt ihr, dass ich mit dem nächsten beginne.

Ich habe zwar während des Schreibprozesses gespürt, dass es nicht bei einem Buch bleiben wird, da Schreiben neben der Tätigkeit als Medium zu meiner zweiten Leidenschaft und zu meiner Berufung gehört. Jedoch habe ich nicht damit gerechnet, dass der Auftrag dazu schon schnell kommen würde. Doch ich habe mich mittlerweile an das rasante Tempo der Geistigen Welt gewöhnt und versuche mitzuhalten.

Die Liebe zum Schreiben habe ich während meiner Ausbildung zur Diplomsozialbetreuerin für Altenarbeit entdeckt. Zu dieser Zeit fühlte ich mich aber noch lange nicht reif dazu. Bücher zu schreiben, da meine Schreibkünste noch nicht dafür ausreichten. Ich habe jedoch das Gefühl, dass ich auch hier von der Geistigen Welt geschult und auf diese Aufgabe vorbereitet worden bin.

Einleitung

Das Thema Selbstliebe begleitet mich bereits mein ganzes Leben und liegt mir deshalb sehr am Herzen, da es, wie bereits in meinem ersten Buch beschrieben, lange Zeit zu meinen größten Themen und Herausforderungen gehörte. Fast mein ganzes bisheriges Leben lang ist es mir kaum gelungen, mich vom Leid meiner Mitmenschen und vor allem vor meiner Mama abzugrenzen. Ich habe die Emotionen und den Schmerz anderer wie ein Schwamm aufgesaugt, größtenteils, ohne mir dessen bewusst zu sein. Dieser Prozess wurde zusätzlich durch mein Helfersyndrom und den Glaubenssatz und meine tiefe Überzeugung „ich muss die Welt retten" genährt und somit verstärkt.

Ohne uns selbst zu lieben, können wir ab jetzt nicht mehr weitergehen. Selbstliebe ist eine der Voraussetzungen für den Eintritt in die 5. Dimension – Das Bewusstsein der Liebe, der Nächstenliebe und des Mitgefühls. Die neue Zeitqualität schenkt uns die Möglichkeit, viel schneller bei uns selbst anzukommen und neue Entscheidungen zu treffen und das Alte und Hinderliche zu transformieren.

Ich möchte dir in mit diesem Buch helfen, aus der Aufopferung auszusteigen, und dir zeigen, wie es auch dir gelingt, dich selbst zu lieben und somit in deine göttliche Größe zu gelangen. Ich möchte dich daran erinnern, dass Selbstliebe nichts mit Egoismus zu tun hat – ganz im Gegenteil. Selbstliebe ist ein Akt der gelebten Nächstenliebe. Ja, du hast richtig gelesen. Nur wenn es dir selbst gut geht und du gut für dich sorgst und deine Bedürfnisse kennst und sie erfüllt sind, nur dann bist du in deiner Kraft und kannst auch gut für andere da sein. Wenn du in deiner Mitte bist und es dir gut geht, strahlst du Stärke, Kraft und Liebe aus und das werden alle in deinem Umfeld spüren und davon profitieren. Nur durch Selbstliebe kannst du in Kontakt mit dir selbst gelangen. Selbstliebe ist der Schlüssel zu deiner Göttlichkeit und zu einem Leben in Frieden mit dir selbst.

Wir alle haben in der Vergangenheit genug Leid und Verletzung erlebt und sehnen uns doch nur nach Liebe, Anerkennung und Frieden. Doch bevor wir dies im Außen anziehen können, müssen wir diese Aspekte in uns selbst erschaffen. Wir müssen uns zuerst selbst lieben und uns das geben, was wir uns von unseren Mitmenschen erwarten und wünschen.

Schon sehr bald durfte ich durch die Unterstützung der geistigen Welt sowie die Gegenwart des Heiligen Geistes das Ego durchschauen und so einen Blick „hinter die Kulissen des Spiels des Lebens“ werfen. Diese Gnade hat mich vor vielen leidvollen Erfahrungen des Menschseins bewahrt und mir das Wesentliche des Lebens gelehrt. Ich möchte dir helfen, dass du nicht noch mehr Leid und Schmerz erleiden musst und das spüren und erfahren kannst, was du schon längst bist und immer warst – nämlich ein reiner Ausdruck der Liebe Gottes. Wir sind nicht hier, um zu leiden und Schmerz zu erfahren, sondern um das Leid und den Schmerz zu transformieren, um unsere Göttlichkeit zu entfalten. Dazu müssen wir aber unser Leid überwinden und uns über „das Kreuz“ hinaus erheben und weitergehen, hin zur Auferstehung zum wahren Leben, das Gott für uns gedacht hat. Die Neue Zeit schenkt uns ungeahnte Möglichkeiten dafür. Genau jetzt ist der beste Zeitpunkt, um ein neues Leben zu beginnen. Noch niemals zuvor war die Unterstützung aus der Geistigen Welt so groß und für uns so sehr spürbar wie jetzt.

Nutze die Chance und sei bereit die Geschenke, die für dich bereitstehen zu empfangen.

Unser Ego gaukelt uns vor, dass das, was wir in der Welt vorfinden, die Wirklichkeit ist, aber das ist es bei Gott nicht. Das Ego lässt uns glauben, dass Schmerz und Leid zum Leben gehört wie die Nacht zum Tag, doch ich sage dir, dass dies nur für jene der Fall ist, die die Illusion darin noch nicht erkannt haben, die Liebe Gottes – die für mich die Wahrheit ist – noch nicht glauben und annehmen können und die eigene Schöpferkraft noch nicht entdeckt und entfaltet haben. Die Wirklichkeit des Seins beginnt hinter dem Ego und hinter dem Schleier der Dualität, der sich lüften darf, wenn wir zu dieser Erkenntnis gelangt sind und es in unserem Herzen verinnerlicht haben und diese Tatsache durch unsere Gedanken zu unserer Lebensweise machen. Durch die Göttliche Schöpferkraft haben wir die Möglichkeit, uns über den Schmerz und das Leid zu erheben und die Umstände der Dualität ins Licht zu transformieren. Es geht darum, nicht dauerhaft im Schmerz und im Leid zu verharren.

Bist du bereit, dich auf die Reise zu dir selbst und zu deiner Göttlichkeit zu begeben und ein neues Leben zu beginnen?

Ich lade dich ein. mir in meinem Buch zu folgen und dich selbst mit deiner Kraft neu zu entdecken. Öffne dein Herz, für das Wunder der Liebe!

Aufopferung

Sich aufzuopfern ist ein Zeichen für mangelnde Selbstliebe. Im Wort Aufopferung steckt das Wort Opfer. Wenn wir uns für jemanden aufopfern, opfern wir einen Teil von uns selbst und machen uns zum Opfer unserer eigenen Lebensumstände. Aufopferung entstehet durch mangelnde Abgrenzung. Aufgrund mangelnder Abgrenzung sind wir einem permanenten Energieverlust ausgesetzt und geraten zunehmend in einen energetischen Mangelzustand. Wir fühlen uns müde, ausgelaugt, sind gereizt und haben in der Folge kaum noch die Kraft für uns und unser eigenes Leben. So verlieren wir uns zunehmend selbst mit unseren Bedürfnissen aus den Augen. Der Prozess der Aufopferung verläuft schleichend. Wir rutschen in diese Haltung hinein, ohne es anfangs zu bemerken. Unbewusst übernehmen wir das Leid desjenigen, für den wir uns aufopfern. So leben wir nicht mehr unser Leben, sondern das Leben von jemand anderem. Wir werden gelebt. Dadurch geraten wir immer tiefer in den Kreislauf der Opferspirale. Durch den Glaubenssatz „diese Person tut mir leid und ich kann sie oder ihn doch nicht im Stich lassen" gleiten wir geradewegs in eine emotionale Abhängigkeit. Wir fühlen uns zunehmend hilf- und machtlos und der Situation ausgeliefert und beginnen uns selbst zu bemitleiden.

Aufgrund unserer Prägungen durch Erziehung, unsere Glaubenssätze und Überzeugungen haben wir gelernt, für die Welt zu funktionieren. Dieser Zustand ist für uns zur Normalität geworden und hat dazu geführt, dass unsere Opferbereitschaft zugenommen hat. Oft merken wir es gar nicht mehr, wenn uns etwas nicht guttut. Wir glauben: Es muss so sein und es ist ebenso und da kann man nichts daran ändern. Diese

Gedanken und Glaubenssätze machen uns krank und verschlimmern unser Leid zusätzlich.

Solange es uns nicht gelingt, in die Selbstliebe zu gelangen und uns abzugrenzen, sind wir ein Spielball von Menschen und Systemen und werden immer wieder in solche Situationen und Abhängigkeiten geraten, bis wir daraus gelernt und eine neue Entscheidung zum Ja zu uns selbst und zu unseren Bedürfnissen getroffen haben. Nur wir selbst können für uns sorgen und unsere Bedürfnisse erfüllen und dafür einstehen. Niemand sonst kann das für uns tun. Es geht darum, hier in die Selbstverantwortung zu gehen und uns selbst mit unseren Bedürfnissen zu anzuerkennen und sie ernst zu nehmen. Wir haben nicht nur das Recht, für uns einzustehen und unsere Grenzen zu wahren, sondern sogar die Pflicht. Wer sollte es sonst tun?

Der Glaubenssatz „Aufopferung und Selbstaufgabe ist gleich Liebe" war bereits in meiner Kindheit verankert und diese Energie war bis vor wenigen Jahren in meiner Aura gespeichert und hat so seine Wirkung im Außen entfaltet. Mein Irrglaube hat dazu geführt, dass ich es nicht gewagt und geschafft habe, mich in toxischen Beziehungen abzugrenzen. Das war insbesondere bei meinen Eltern der Fall. Bei den eigenen Eltern ist dies am schwersten, da wir sie lieben, von ihnen emotional und materiell abhängig sind und uns auf eine Art und Weise für sie verantwortlich fühlen. Doch wir können nur die Verantwortung für uns selbst tragen. Nur weil wir die Kinder unsere Eltern sind, bedeutet das nicht, dass wir ihre Verantwortung und ihr Leben tragen müssen, wenn wir glauben, dass sie selbst, aus welchen Gründen auch immer, nicht in der Lage sind, ihre Verantwortung zu tragen.

Vertausche Rollen durch Abgabe der Mutter- und Vaterrolle sowie in der Folge die Übernahme der Verantwortung der Elternrolle der Kinder bringt das gesamte Familiensystem durcheinander und ins Ungleichgewicht und lässt es schließlich kippen. Die ursprüngliche Funktion der Familie von Schutz, Geborgenheit und Heimat ist dadurch gestört und nicht mehr intakt. Das führt zu Misstrauen, Überforderung, Versagens- und, Existenzängste, Unsicherheit, Instabilität und Angst bei den Kindern und zu einem Scham- und Schuldgefühl bei den Eltern.

In meiner Schulzeit bin ich durch meine Naivität und meine Glaubenssätze „alle Menschen meinen es gut mit mir und ich muss doch allen helfen“ meist an die falschen Freunde geraten, die meine Sehnsucht nach Zugehörigkeit und geliebt sein ausgenutzt haben. Ich habe mich selbst zum Opfer gemacht, weil ich mir selbst keine Achtung und Wertschätzung entgegengebracht und mir nicht im Geringsten vertraut habe und mir meiner inneren Größe absolut nicht bewusst war. Diese Energie der mangelnden Selbstliebe habe ich ausgestrahlt und war damit ein gefundenes Fressen für andere. Ich wurde fast jeden Tag gehänselt. Dadurch hat sich in mir das Gefühl von Minderwertigkeit aufgebaut und gefestigt und mein Selbstwertgefühl war im Keller. Durch die lichtvolle und kraftvolle Unterstützung der geistigen Welt und der immerwährenden Gegenwart von Jesus habe ich diese Zeit mit allen Vorfällen trotzdem gut gemeistert und habe trotz alldem einen großen Teil meiner Würde und meines Glaubens an einen guten Ausgang behalten.

Glaubenssätze sind grundsätzlich aber nicht in Stein gemeißelt. Energie ist in jedem Augenblick veränderbar, durch unsere Absichtserklärung sowie durch unsere Gedanken. So können wir einen destruktiven Gedanken, der uns schadet, jederzeit korrigieren und ins Förderliche und Lichtvolle umwandeln. Das geschieht natürlich nicht von heute auf morgen. Es braucht tägliche Übung, den Wunsch und die Absicht, etwas im Leben zu verändern, sowie eine bewusste Ausrichtung auf das, was wir erreichen und erfahren möchten. Wenn wir uns wünschen, geliebt zu werden, müssen wir zuerst in uns liebevolle und wertschätzende Gedanken sähen. Ein Glaubenssatz ist ein Gedanke und ein Gedanke ist nichts als pure Schöpferenergie, der durch Emotionen in seiner energetischen Wirkung und Ausdehnung verstärkt wird. So wie ein Gedanke manifestiert sich auch ein Glaubenssatz, egal ob positiv oder negativ, machtvoll in unserem Unterbewusstsein und wirkt sich so auf unser Leben aus, weil wir ihn zu unserer Lebensweise machen. Ein Glaubenssatz hat Einfluss auf unsere Körperfrequenz und kann sie je nachdem erhöhen und herabsetzen. Genauso wie unsere Gedanken sickern Glaubenssätze, egal, welcher Art, in unser Unterbewusstsein und beeinflussen und prägen von hier aus unser Denken, Handeln und unsere Realität.

Darum ist es wichtig, sich seiner Glaubenssätze bewusst zu werden, damit sich unser Leben verändern kann und wir das kreieren und in unser Energiefeld ziehen können, was wir uns wünschen und wonach wir uns sehnen.

Eine gute Methode, um sich seiner Glaubenssätze und blockierenden Muster bewusst zu werden, ist, sich alles zu notieren. So bekommen wir einen Überblick und können beginnen, in die Korrektur und Umwandlung zu gehen. Wenn wir uns unsere inneren Prozesse aufschreiben, gelangen sie sofort auf die bewusste Ebene und wir können beginnen, darüber nachzudenken und uns damit auseinanderzusetzen. Schreiben ist wirklich sehr heilsam. Ich praktiziere diese Methode bereits seit meiner frühen Jugend und ich kann es jedem nur empfehlen, das auch zu tun. Diese Methode unterstützt und beschleunigt die persönliche Transformation ungemein: Sie fördert die Kommunikation mit uns selbst und den Dialog mit Gott in uns und hilft uns, unsere Prozesse nachzuvollziehen. So können wir überprüfen, welche Fortschritte wir schon gemacht haben. Du kannst das auch in Form eines Gespräches, z.B. zwischen dir und Gott, oder mit einem Licht- und Engelwesen, zu dem du eine gute Verbindung hast und dem du dich anvertrauen kannst, aufschreiben.

Glaubenssätze, die deine Selbstliebe blockieren:	**Korrektur**
Ich bin nicht wertvoll	Ich bin wertvoll
Andere machen dieses und jenes besser als ich	Ich bin ich und bringe meine Energie in die Welt
Andere haben einen schöneren Körper als ich	Mein Körper ist so, wie er ist, und ich lerne alles an ihm anzunehmen
Ich kann das nicht	Ich kann das und ich schaffe es
Das habe ich nicht verdient	Ich lasse es zu, dass ich durch Gottes Gnade beschenkt werde, und lerne zu empfangen
Ich kann nichts ändern an meiner Situation	Ich bin der Schöpfer meiner Realität und

habe mein Glück selbst in der Hand. Ich bin nun bereit, meine Selbstverantwortung zu übernehmen.

Wir opfern unser göttliches Sein, um unsere Existenz zu sichern

Wir wurden dazu erzogen, uns auf den Ernst des Lebens vorzubereiten, um so perfekt in das System von Leistung und Erfolg zu passen. In solch einem System hat Freude und Leichtigkeit keinen Platz. Genau das ist der springende Punkt, nach dem die Mehrheit der Menschheit noch immer lebt. Viele Menschen gehen jeden Tag mit dem Gedanken in die Arbeit: Hoffentlich ist der Tag bald vorbei und hoffentlich ist bald Wochenende, weil sie etwas tun, das nicht ihren Überzeugungen und schon gar nicht ihrer Berufung entspricht und nicht mit ihrem höheren Selbst übereinstimmt. Doch das ist doch nicht der Sinn unseres Lebens, etwas zu tun, was uns nicht erfüllt, sondern uns unglücklich macht. Gott will nur, dass wir glücklich sind. Er will nur das höchste Glück für uns. Das, wozu wir berufen sind, geht uns ganz leicht von der Hand und fühlt sich nicht wie Arbeit an. Wir blühen dabei auf und fühlen uns im Lebensfluss. Eine Arbeit auszuführen, die nicht unseren Überzeugungen und unserem Wohle dient, stellt mangelnde Selbstliebe dar. Damit arbeiten wir unter unserem Wert und fügen uns damit ebenfalls Schmerz zu. Da wir aber Meister im Verdrängen und der Gewohnheit sind, nehmen wir diese Zuwiderhandlung einfach hin und unterdrücken unseren Schmerz, damit wir weiterhin für ein System funktionieren können. Wir tun das auch oft aus Bequemlichkeit, weil wir unsere Komfortzone nicht verlassen möchten und lieber alles beim Alten lassen möchten. Doch damit tun wir uns langfristig nichts Gutes.

Alle Systeme, die auf dem Ego aufgebaut sind, streben danach, noch mehr Gewinn zu erzielen, und verlangen deshalb noch immer mehr Leistung von uns. Hier steht absolut nicht die Menschlichkeit und Achtung im Vordergrund, sondern nur das Wachstum und der Profit. Wenn wir uns für ein solches System und unsere Arbeit aufopfern, geben wir uns im Grunde selbst auf und handeln gegen unsere Seele. Denn die Frage lautet: Warum tun wir das? Sicher nicht, weil wir das wollen und weil wir es gerne tun. Nein. Sondern nur weil wir damit unsere Existenz sichern wollen und glauben, das aufgrund unseres Sicherheitsdenkens tun zu müssen. In diesem Moment werden wir von unserem Ego geleitet, das uns weismachen möchte, dass wir das sind, was wir in unserer beruflichen Funktion ausüben, doch das entspricht nicht der Wahrheit, sondern hält die Illusion aufrecht. Schon oft habe ich mich gefragt, ob ich bzw. wir unseren Beruf und unsere Tätigkeit, die wir ausüben, auch noch verrichten würden, wenn das Geldsystem zusammenbrechen würde und wir somit kein Gehalt mehr erhalten würden. Auch ich selbst habe mir ganz offen und ehrlich diese Frage gestellt und bin zu der Erkenntnis gekommen, dass ich meinen Beruf zwar grundsätzlich liebe, aber ich ihn nicht mehr in diesem Stundenausmaß ausüben würde und selbst bestimmen würde, wann ich arbeiten möchte und wann nicht. Ich würde mich um nichts in der Welt mehr „freiwillig“ für ein solches System verausgaben, weder körperlich noch psychisch, weil das nicht meinem Wesen und meiner Natur entspricht.

Was machen Systeme mit uns bzw. was haben sie in den letzten Jahrzehnten mit uns als Menschen und mit unserer

Seele gemacht? Ich habe mir darüber schon sehr viele Gedanken gemacht und deshalb sage ich euch: Das ist nicht im göttlichen Sinne, etwas zu tun, weil wir es tun müssen. Damit verleugnen wir uns selbst und verraten unsere Seele. Wenn wir einen Beruf nur ausüben, um Geld zu verdienen, und er nicht im Einklang mit unserer Seele und unseren Überzeugungen steht, setzen wir uns selbst herab, schwächen uns mit unserer Lebensenergie und werden früher oder später sehr unglücklich oder sogar krank. Genau diese Erfahrung musste ich am Beginn meines Arbeitslebens sammeln: Durch eine Verkettung mehrerer Umstände konnte ich nicht sofort in meinen Beruf einsteigen. Also nahm ich als Überbrückung eine Stelle als Kommissionierern in einem großen Verteilzentrum an. Es waren fast die acht schlimmsten Monate meines Lebens. Die Arbeit war monoton und pures Gift für mich. Es ging nur um Leistung und Schnelligkeit. Jede Woche wurde ein neuer Leistungsaushang präsentiert. Das war genau das Gegenteil von dem, was ich bin, und genau entgegen meiner Überzeugungen. Ich fühlte mich leer und war innerlich wie tot. In dieser Zeit habe ich aus Frust mit dem Kaffeetrinken begonnen.

Schon wieder ein Stolperstein

„Ich liebe es, wie du schreibst und wie du dich ausdrückst, so schön“. Dieses Kompliment habe ich von meiner lieben Seelenschwester Asisa bekommen. Ich habe mich natürlich sehr darüber gefreut, doch im selben Moment schlich sich wieder mein Ego ein und blockierte diese wunderbare Energie der Freude mit dem alten Glaubenssatz: „Mein Schreibstil ist doch nichts Besonderes und es sind doch nur einfache Worte. Ich habe nicht gedacht, dass ich überhaupt so schreiben kann und so etwas zustande bringe, denn ich war in Deutsch nicht besonders gut.“

Als ich Asisa diese Nachricht geschickt hatte, hat sie mein Ego sofort entlarvt und mich auf meine abwertende Bewertung hingewiesen und mir gezeigt, wo mich dieser alte Glaubenssatz hinführt. Im selben Augenblick korrigierte ich diesen destruktiven Gedanken und bedankte mich bei ihr und auch bei mir selbst für diese lehrreiche Beispiel. Dadurch wurde mir vor Augen geführt, dass sich trotz der intensiven Beschäftigung mit dem Thema Selbstliebe und der Wirkung von Glaubenssätzen solche destruktiven und abwertenden Gedanken über mich selbst einschleichen können und ich deshalb nicht achtsam genug sein kann.

Durch diese Abwertung habe ich mich selbst herabgesetzt mit meinem Können, meinen Talenten und meiner Größe. Im Alltag geschieht es leider allzu oft, dass wir unbewusst in dieses alte Verhalten zurückfallen, das darf auch sein. Das ist menschlich und macht im Grunde nichts, solange wir nicht in dieser Energie verweilen, sondern sofort in die Korrektur gehen und uns mit unserer Größe wieder anerkennen.

Der Weg zur Selbstliebe

Uns selbst zu lieben und sich so anzunehmen, wie wir sind, ist die Grundvoraussetzung für ein glückliches und erfülltes Leben in Zufriedenheit und Erfolg.

Alles beginnt mit und in uns selbst: Unser Leben, unser Glück, die Liebe, die Fülle, genauso, wie sich alles mit und in uns vollendet.

Selbstliebe ist in dieser Zeit wichtiger als jemals zuvor. Sie bildet das Fundament, auf dem alles andere aufgebaut wird. Selbstliebe ist Balsam für unsere Seele und der Schlüssel zum Seelengrund. Sich selbst anzunehmen und sich selbst Liebe zu schenken, ist das größte Geschenk, das wir uns und gleichzeitig Gott in uns bereiten können. Sie lässt uns zu einer wunderschönen Rose erblühen, die sanft ihren Duft verströmt. Sie bringt das Wertvollste zum Ausdruck, nämlich uns selbst! Sie lässt unser Antlitz erstrahlen. Unser Herz wird davon erfüllt, verwandelt und neu ausgerichtet.

Selbstliebe ist ein Prozess des Reifens und des sich Öffnens für sich selbst und des Hineinwachsens in unsere Mitte, in der wir Halt, Geborgenheit und Stabilität finden, wodurch es uns gelingt, den Anforderungen des Lebens die Stirn zu bieten.

Selbstliebe macht es möglich, dass wir uns selbst Güte, Zärtlichkeit und Sanftmut schenken und uns achtsam begegnen. Durch die Selbstliebe kommen völlig neue Aspekte in uns zum Vorschein. Wir begegnen uns ganz anders als vorher und lernen uns auf neue Weise kennen. Durch die Selbstliebe werden völlig neue Energien in uns freigesetzt und aktiviert, durch die unser Leben und unser Sein eine neue Tiefe und eine höhere Dimension erreicht.

Wenn wir bereit sind, uns selbst mit Liebe zu begegnen, sind wir auch bereit, Gottes Liebe anzunehmen. Selbstannahme und Selbstliebe bringt unsere Göttlichkeit zum Ausdruck, aktiviert unser Licht, und die Christus-Energie, durch die es möglich wird, unsere Masken, die wir uns zum Schutz und aus Angst, verletzt zu werden, aufgesetzt haben, fallenzulassen. Sie fördert unsere Achtsamkeit, bringt uns in die Freude, in die Leichtigkeit und in die Dankbarkeit. Durch zelebrierte Dankbarkeit ziehen wir Fülle in unser Leben. Wir entdecken unseren weichen Kern und spüren unsere Verletzbarkeit. Wenn wir uns selbst lieben und uns so annehmen, wie wir sind, haben wir keine Angst mehr davor, unsere Verletzlichkeit zu zeigen und dazu zu stehen – im Gegenteil – wir erkennen darin unsere wahre Stärke. Die Verletzbarkeit macht uns authentisch und genau das suchen jetzt immer mehr Menschen. Authentizität und Wahrhaftigkeit sind wichtige Aspekte der Neuen Zeit. Darin liegt meine absolute Stärke, die ich der Welt zeigen und schenken möchte. Authentizität und Wahrhaftigkeit bringen unsere weibliche Kraft wieder zum Ausdruck, die so lange Zeit auf allen Ebenen unsere Welt unterdrückt und missachtet wurde. Die weibliche Urkraft ist jene Essenz in uns, welche die Energien, die ins Ungleichgewicht geraten sind – durch die Überbetonung der männlichen Energie – wieder ins Lot bringt. Darum ist es wichtig, die weibliche Urkraft in uns wieder zu spüren und zu stärken und sie zum Ausdruck zu bringen, indem wir unsere Gefühle, unsere tiefsten Sehnsüchte, unsere Träume, unser Herz, unsere Weichheit, unsere Zärtlichkeit, unsere Sanftmut und Güte wieder zum Ausdruck bringen. Diese Aspekte verkörpern die weibliche Energie. Auch Männer tragen weibliche Aspekte in sich und auch wir Frauen tragen männliche Aspekte in uns. Es geht darum, jeweils beide Teilaspekte in uns auszugleichen und den Energien gleichermaßen Raum zu geben und sie gleichermaßen in unser Leben zu integrieren. (Yin-Yang-Prinzip)

Wir haben uns viel Schmerz und Leid erschaffen, weil wir uns selbst gegenüber nicht ehrlich sind und uns selbst und anderen etwas vorspielen und uns eine Scheinwelt kreieren, die nicht unserer göttlichen Wahrheit und nicht der Wirklichkeit entspricht. Das ist pure Illusion, die uns nicht dienlich ist, weil sie nur das Ego nährt und uns unglücklich und sogar krank macht.

Öffne dein Herz für deine Welt und zeige dich der Welt so, wie du bist, auch mit deinen Schwächen und deiner Verletzbarkeit. Sie ist deine Stärke, die in der Neuen Zeit gebraucht wird, um etwas zu verändern. Das macht doch das Menschsein aus.

Immer mehr Menschen sehnen sich nach Natürlichkeit und Echtheit. Diese Erfahrung mache ich bei meinen Videos und Lives auf Facebook, in denen ich mein wahres Wesen zum Ausdruck bringe und über die Neue Zeit und über spirituelle Themen spreche. Immer wieder mache ich die Erfahrung, dass Menschen von meiner Authentizität und meiner Wahrhaftigkeit angezogen werden und ich die Herzen mit meiner „Einfachheit" und meiner Natürlichkeit berühren kann. Ich bekomme immer wieder Rückmeldungen, in denen zum Ausdruck kommt, dass Menschen meine Videos, in denen meine Wahrhaftigkeit zum Ausdruck kommt, mehr schätzen als ein Video oder einen Vortrag, bei dem alles perfekt geplant ist und in dem mit Fremdwörtern um sich geschmissen und mit hochtrabender Sprache gelehrt wird. Dabei macht es auch nichts, wenn wir einen Fehler machen oder etwas nicht so funktioniert, wie wir uns das vorgestellt haben. Das spielt keine Rolle. Durch Fehler und auch Pannen zeigt sich unsere

Authentizität und unsere Menschlichkeit sowie unsere weiche Seite. Es geht nur darum, dass wir uns selbst treu bleiben und unser Sein und unsere Überzeugungen zum Ausdruck bringen und dafür einstehen. Seine Verletzbarkeit offen zu zeigen, ist ein wahrer Segen für andere. Wir lehren andere, dass Verletzbarkeit keine Schwäche ist, sondern in Wahrheit das größte Geschenk, das wir uns selbst und der Welt bereiten können. Durch unsere Wahrhaftigkeit und Authentizität, die wir damit zum Ausdruck bringen, leisten wir einen großen Dienst für die Welt, weil wir so unseren Seelenkern nach außen transportieren und damit unser wahres Potenzial entfalten sowie die Energie in der Welt langsam aber nachhaltig positiv beeinflussen und verändern. Wenn wir uns selbst auch mit unseren Schwächen annehmen und auch einmal über uns selbst lachen können, dann gestehen wir uns selbst und in der Folge auch unseren Mitmenschen zu, Fehler machen zu dürfen. Wir erkennen, dass wir als Menschen niemals perfekt sein werden, weil das gar nicht vorgesehen ist. Fehler zu machen, ist sogar sehr hilfreich, denn nur durch Fehler können wir dazulernen und unser Handwerk und Können weiterentwickeln. Außerdem sollten wir nicht schon im Vorhinein davon ausgehen, dass es sich dabei um einen Fehler handelt. Oft stellt es sich im Nachhinein heraus, dass es kein Fehler ist, sondern sogar ein großer Segen. Fehler machen uns menschlich und nahbar. Genau diese Eigenschaften wie Menschlichkeit, Nahbarkeit und Wahrhaftigkeit machen die Energie der Neuen Zeit aus.

Die Selbstliebe verleiht uns eine positive, lebensbejahende Ausstrahlung, die in die Welt strahlt und sie zum Leuchten bringt. Diese innere Haltung macht sich körperlich vor allem im Gesicht in Form von weicheren Gesichtszügen und einer glatteren Haut bemerkbar. Menschen, die besonders achtsam und sensitiv sind, können diese Ausstrahlung sofort wahrnehmen und fühlen sich bei diesen Menschen wohl, sicher und geborgen. Durch die Selbstliebe ziehen wir Gleichgesinnte an und Menschen, die uns durch Freundlichkeit, Wertschätzung und Aufrichtigkeit genau diese Haltung spiegeln.

Dadurch, dass wir aufhören, uns selbst zu bewerten und zu verurteilen, gehen wir auch liebevoller mit unseren Mitmenschen um und kommen auch hier immer mehr aus der Verurteilung und Bewertung heraus und gelangen in die Annahme. So werden wir auch immer weniger von unseren Mitmenschen kritisiert, bewertet und verurteilt. (Gesetz der Anziehung und Ursache und Wirkung).

Du bist ein von Gott unendlich geliebtes Wesen. In den Augen Gottes bist du immer gleich wertvoll. Gott sieht dich in jedem Augenblick mit deiner Schönheit, in deiner Größe, mit deinem Licht und deinem wahren Sein. Wenn du wüsstest, wie wunderbar und geliebt du bist, würdest du alle Zweifel und die Selbstverurteilung hinter dir lassen und sofort in deiner vollkommenen Göttlichkeit erstrahlen.

Stehe auf, geliebte Seele, und versöhne dich mit dir selbst, mit Gott in dir und deinem inneren Kind. All das sind Aspekte von dir, die dich ganz und vollkommen machen und zu dir gehören.

Der erste Schritt zur Selbstliebe ist sich selbst und anderen zu vergeben und sich mit allen seinen Schwächen und Stärken anzunehmen. Selbstvergebung, Vergebung und bedingungslose Selbstannahme stellen das Fundament in diesem Prozess dar, auf dem alles Weitere aufgebaut werden kann. Ohne Vergebung ist es nicht möglich, in die innere Einsicht zu gelangen, diese ist jedoch notwendig, um in die Selbstwahrnehmung und Selbstreflexion gehen zu können.

Bist du bereit, dich auf dich und dein Herz einzulassen und dich selbst in den Arm zu nehmen, um Glück, Erfolg und Fülle in dir zu erschaffen und so wie der Heilige Franziskus nun endlich deinem Herzen zu folgen?

Wir erschaffen alles aus uns selbst heraus, aus dem Zentrum des Herzens, unserer goldenen Mitte, mit unserer Einstellung und unserer Haltung sowie mit unserem physischen Körper. In der Selbstliebe können wir unser Leben neugestalten. Im Bewusstsein der Selbstliebe ziehen wir alles an, das zu uns gehört, und jene Dinge, die sich nicht mehr in Übereinstimmung unseres Herzens befinden, werden aus unserem Leben verschwinden. Durch das Bewusstsein der Selbstliebe wird alles leichter für uns, was vorher mühsam und schwer war. Das geschieht durch unsere Resonanz, die sich dadurch verändert hat. In der Selbstliebe verändert sich die Haltung zu uns selbst und zu unserem Leben. Wir betrachten unser Leben auf einmal aus einer völlig neuen Perspektive, wodurch wir viel mehr Licht anziehen und aufnehmen. Obwohl sich in unserem Leben augenscheinlich nichts verändert hat, verändert sich doch alles, weil wir innerlich neu werden und diese innere Veränderung ein neues Leben im Außen kreiert.

Niemand außer dir selbst kann dich glücklich machen. Dein Glück liegt in deinen Händen und nur in deiner Verantwortung. Selbstliebe stellt neben der Selbstvergebung und Vergebung die Grundvoraussetzung dar, um sich selbst näherkommen und zu sich selbst eine Beziehung aufbauen zu können. Doch wie gelange ich denn in die Selbstliebe, wirst du dich jetzt fragen.

Dazu eine Übung: Wie du in die Selbstliebe gelangst bzw. sie förderst:

(Aus meinem Buch: Manifestation der Liebe- Die Vollendung unserer göttlichen Mission)

Die wichtigste aller Fragen lautet: Möchte ich weiterhin leiden oder möchte ich glücklich sein? Diese Entscheidung ist Grundlage für den Erfolg dieses Prozesses der Selbstliebe

Stelle dich vor den Spiegel und schaue dir ganz tief in die Augen. Sage zu dir: „Name, ich habe dich lieb“, und umarme dich dabei. Am Anfang kannst du es vielleicht noch nicht mit ganzem Herzen sagen, aber wenn du es täglich übst, wirst du merken, was sich in dir verändert und welche Energien in dir freigesetzt werden.

Wenn du diese Übung beherrscht, kannst du dich auch vor dir verneigen.

Wenn du diesen Prozess beginnen möchtest, ist die Auseinandersetzung mit folgenden Fragen wichtig:

- Was sind deine Stärken? Nenne jede Kleinigkeit
- Was magst du an dir? Was schätzen andere an dir?
- Was magst du an deinem Körper?
- Welche Ziele hast du bereits erreicht?
- Wofür bist du dankbar?
- Lobe dich selbst für das, was du bereits geschafft und erreicht hast, und mach dir Komplimente
- Lobe andere für all das, was sie gut können und gut gemacht haben, und mache anderen Komplimente
- Sage jemandem, wie sehr du ihn schätzt bzw. was du an dieser Person magst.
- Sage jemandem, wie lieb du ihn hast. Wenn wir jemandem danken und ihm eine Freude machen, kommen die Liebe und die Freude automatisch wieder zu uns zurück. (Ursache und Wirkung).

Als Kind habe ich den Menschen und besonders meiner Mama immer wieder zwischendurch gesagt: „Ich habe dich lieb“ und ich konnte die Freude der Menschen immer so stark spüren und das hat mich so glücklich gemacht. Am schönsten war es, wenn niemand damit gerechnet hat.

Danke deinem Körper jeden Tag für alles, was er jeden Augenblick für dich tut, und nimm dich selbst in den Arm. Dadurch gelangst du wiederum in die Selbstliebe und in die Dankbarkeit (das kann ich euch durch eigene Erfahrungen versichern.)

Durch praktizierte Dankbarkeit kommst du aus deinem Mangeldenken heraus und ziehst stattdessen Fülle und Anerkennung in dein Leben. Die Energie der Dankbarkeit setzt ungeahnte starke Energien in dir in Bewegung. Du kannst für die kleinesten Kleinigkeiten in deinem Leben dankbar sein, denn es nichts selbstverständlich, sondern alles ist ein Geschenk an dich.

Schreibe dir am besten alles auf, damit dir alles noch bewusster wird und sich fest in deinem in deinem Herz verankern kann.

Überlege nicht lange, sondern notiere das Erste, was dir in den Sinn kommt. Versuche auf jede Frage, jeweils drei Antworten zu finden.

Öffne dein Herz für dich selbst, nimm dich in den Arm und wiege dich selbst. So wirst du zum Segen für dich selbst und ein Segen für die Welt.

Egal, was auch immer zu deiner Vergangenheit gehört, egal, was du dir auch immer selbst vorwerfen magst, wofür du dich selbst anklagst und verurteilst, all das ändert nichts an deiner Liebesfähigkeit dir selbst gegenüber und es ändert auch nichts an der bedingungslosen unendlich großen Liebe, die Gott für dich empfindet. Sei auch mitfühlend zu dir selbst, denn nur so stärkst du die Beziehung zu dir und zu Gott in dir!

Vertraue dich voller Hingabe und mit offenem Herzen Jesus und seiner beglückenden Liebe an. Jesus hat die Macht, dein Herz zu berühren und es zu heilen wie niemand sonst. Durch die innere Begegnung mit Jesus wirst du verwandelt und zu einem völlig neuen Menschen. Er hilft dir auch dabei, dich selbst lieben zu lernen und die Fäden deiner Vergangenheit durchzuschneiden, damit du wieder unbeschwert in Leichtigkeit und Freude neu beginnen kannst. Bei Jesus gibt es keine Vergangenheit. In seiner Gegenwart gibt es nur reine Liebe, Glückseligkeit, Freude, Vertrauen und tiefes Mitgefühl. Bei Jesus darfst du so sein, wie du bist, und dich zeigen mit deiner Verletzlichkeit und mit all deinen Schattenseiten. Jesus kennt die Abgründe der Dualität und des Menschseins und er kennt vor allem dich und dein Herz, deine Sehnsucht, deine Träume, dein Leiden, deine Verletzungen deine Trauer und deinen Schmerz, wahrscheinlich sogar besser als du selbst. Er weiß darum und er zeigt dir den Weg zur Auferstehung.

Jesus hat uns ein Geschenk übergeben und er tut es bis heute. Er hat uns sich selbst zum Geschenk gemacht und er schenkt sich uns immer wieder aufs Neue, mit seiner Liebe, seinem Licht, seiner Weisheit und mit seinem Sein. Sind wir diesmal bereit, ihn zu erkennen und sein Geschenk, das er in seinen Händen hält und für uns aufbewahrt hat, jetzt zu empfangen und anzunehmen? Wir haben uns als Menschheit dazu entschieden, zum Licht und zur göttlichen Einheit zurückzukehren. Es bedarf nur einer Grundsatz-Entscheidung jedes Einzelnen von uns, damit sich die Tore öffnen und wir aus der unendlichen Fülle des göttlichen Reichtums schöpfen können. Diese Entscheidung leitet die Neugeburt in uns ein.

Gottes Liebe hat die Macht, uns von unserem Schmerz, dem Selbsthass, dem Gefühl von Minderwertigkeit, der Selbstverurteilung und unseren Schuldgefühlen zu befreien. Diese Entscheidung können wir in jedem Augenblick immer wieder neu treffen. Es geht immer wieder um die gleiche grundsätzliche Frage und darum, die dementsprechende Entscheidung zu treffen: Möchtest du weiterhin leiden oder möchtest du endlich glücklich sein und die Schönheit des Lebens erfahren?

Sichere Zeichen, dass du dich auf dem Weg zur Selbstannahme und der Selbstliebe befindest, sind:

- Wenn du dich dafür entschieden hast, glücklich zu sein, anstatt weiterhin zu leiden.
- Wenn du zu deinen Fehlern und Schwächen stehst und dich trotzdem wertschätzt, mit allem, was zu dir gehört.
- Wenn du Nein sagen kannst, ohne dich dabei schlecht zu fühlen.
- Wenn du dich trotz eines Fehlers nicht selbst bestrafst, sondern diese Situation zum Anlass nimmst, um daraus zu lernen und dich weiterzuentwickeln.
- Wenn du über dich und alles, was zu dir gehört, lachen kannst und Dinge, die du nicht an dir magst, dennoch akzeptierst.
- Wenn du Komplimente annehmen und an dir bejahen kannst, ohne dabei ein schlechtes Gewissen oder ein unangenehmes Gefühl zu haben.
- Wenn du dich mit einer neutralen Haltung im Spiegel betrachten kannst.
- Wenn du den Wunsch verspürst, nicht mit dem Strom schwimmen, sondern dich selbst finden und ausdrücken zu wollen.

- Wenn du in der Lage bist, dich von der Kritik und den Verurteilungen anderer nicht verunsichern zu lassen, sondern trotzdem versuchst, dir selbst immer näher zu kommen.

Tipps, wie es dir leichter gelingt, dich in schwierigen Situationen oder vor Menschen abzugrenzen:

- Mache keine Versprechungen.
- Trenne dich von der Haltung, es allen recht machen und von allen geliebt werden zu wollen. Auf der menschlichen Ebene ist dies eine Illusion.
- Begründe dein Nein nicht. Dadurch gehst du in die Rechtfertigung – in diesem Wort steckt das Wort Recht – du allein hast das Recht, über dich, dein Leben, deinen Körper und deine Zeit zu bestimmen und zu verfügen. Dieses Recht brauchst du niemandem gegenüber zu rechtfertigen. Du allein kennst den Grund für deine Entscheidung und das genügt.
- Begib dich nicht in die Haltung der Verteidigung, dadurch machst du dich angreifbar.
- Gehe keine faulen Kompromisse ein, nur des „Friedens" willen. Das ist ein billiger Friede, der nur künstlich herbeigeführt ist und nicht lange hält. Höre stattdessen in dein Herz, ob es für dich wirklich stimmig und förderlich ist. Bleib dabei standhaft und lasse dich nicht verunsichern oder durch Mitleidserregung und emotionaler Erpressung in deiner Entscheidung beeinflussen.
- Zentriere dich in deiner Mitte und bitte die geistige Welt, sie möge dich darin unterstützen.
- Rufe dir vor Augen, wer du in Wahrheit bist, damit du nicht „umfällst" in deiner Entscheidung und deiner Haltung.

In meiner Familie und auch in meinem beruflichen Umfeld habe ich die Erfahrung gemacht, wie Menschen mit emotionaler Erpressung agieren, um dadurch Mitleid und Aufmerksamkeit zu erregen und andere damit unter Druck zu setzen. Meistens waren bzw. sind es Menschen, die in Wahrheit (noch) keine Hilfe annehmen möchten. Ein Mitglied meiner Familie drohte mir, sich das Leben zu nehmen, weil ich nicht mehr das getan habe, was die Person gewohnt war. Dasselbe ist mir auch einmal in meinem beruflichen Umfeld passiert. Hier heißt es, sich nicht auf dieselbe Ebene zu begeben, sondern bei sich zu bleiben und dennoch zu versuchen, das Gegenüber in seiner Not ernst zu nehmen, das ist aber nicht immer einfach.

Wenn wir uns auf dieselbe Ebene begeben, helfen wir diesem Menschen nicht, sondern wir begeben uns damit in eine emotionale Abhängigkeit, in der wir gefangen sind. So geht es uns genauso schlecht wie der eigentlich und ursprünglich betroffenen und leidenden Person.

In diesem Zusammenhang ist es von Vorteil, wenn wir die Selbstliebe bereits praktizieren, denn dann ist es kaum möglich, in solch eine Lage zu gelangen. Meistens jedoch werden wir deswegen mit solchen Situationen und Menschen konfrontiert, um Selbstliebe zu lernen. Wir können diesen Menschen sogar dankbar sein für ihre Lehreinheit, denn durch sie können und dürfen wir uns weiterentwickeln, wenn wir die Chance dazu ergreifen.

Auswirkungen mangelnder Selbstliebe

Mangelnde Selbstliebe führt, dazu, dass wir uns von uns selbst und unseren Mitmenschen getrennt fühlen. Dadurch wird in uns immer mehr das Gefühl der Einsamkeit aufkommen. Wir erleben einen inneren Mangel an Nähe und Verbundenheit. Wir beschäftigen uns zunehmend mit unserem inneren Mangel und ziehen uns immer mehr in uns selbst zurück. Dadurch verlieren wir irgendwann unsere Empathiefähigkeit und entfremden uns zunehmend von den Menschen und der Welt. Da wir als Menschen soziale Wesen sind, können wir nicht auf Dauer ohne Gemeinschaft und Liebe glücklich leben, da wir auf die Interaktion mit Menschen angewiesen sind. Ohne menschliche Liebe und Nähe würden wir seelisch verkümmern. Ohne gelebte Verbundenheit sind wir nicht in der Lage intakte Beziehungen zu führen. Liebe ist die Nahrung unserer Seele und unseres Herzens. Wir sind nicht dafür geschaffen, um von der Welt abgeschottet unser Dasein zu fristen, sondern sind dazu bestimmt, uns mit Liebe dem Leben und unseren Mitmenschen und zu öffnen und vor allem uns selbst Liebe zu schenken. Wenn wir uns selbst nicht lieben können, wird sich Bitterkeit, Selbsthass, innere Härte und innere Leere in uns ausbreiten. Diese Symptome mangelnder Selbstliebe können sich sogar in Form von Beschwerden oder Krankheiten im Körper manifestieren. Dieses Phänomen konnte ich bei meiner Mama beobachten.

Mangelnde Selbstliebe und der damit verbundene Selbsthass kann sogar (Autoimmun-)Krankheiten verstärken, denn Selbsthass ist nicht nur pures Gift für die Seele, sondern auch für den Körper, das über die Nieren (stehen für Beziehungen) ausgeschieden werden muss. Meine Mama hatte zum Schluss eine schwere Niereninsuffizienz, sodass ihr im

Laufe der Erkrankung sogar eine Niere transplantiert werden musste. Meine Mutter hatte in der Tat Schwierigkeiten damit, Beziehungen einzugehen bzw. intakte Beziehungen zu leben und aufrechtzuerhalten. Sie hatte nie die Möglichkeit und die Gnade, intakte Beziehungen zu erfahren. Zudem hatte sie nie eine intakte Beziehung zu sich selbst gefunden und befand sich ihr ganzes Leben auf Kriegsfuß mit sich und mit ihrer Vergangenheit, was sich vor allem durch ihren leidenden, verkrampften, um nicht zu sagen durch ihren verbissenen Gesichtsausdruck bemerkbar gemacht hat. Diese Tatsache versuchte sie jedoch stets zu verleugnen und zu verstecken und das, obwohl es im Alltag immer wieder zum Ausdruck gekommen ist und für mich als Kind und auch später immer spürbar war. Sie hat zwar ihr Bestes gegeben und versucht, mit sich selbst Frieden zu schließen, hat es aber nicht geschafft, da sie gedanklich und emotional immer wieder in der Vergangenheit gelandet ist und ihre Muster einfach nicht überwinden konnte. Sie hat sich über die Jahre selbst vergiftet und durch ihr Misstrauen konnte sie, auch wenn überhaupt nur von bestimmten Menschen Hilfe und Unterstützung annehmen. In diesem Zusammenhang war meine Mama für mich immer ein abschreckendes Beispiel dafür, wie es nicht geht. Als Kind hat mich die Härte, die sie sich selbst entgegengebracht hat, ziemlich schockiert und ich habe mich immer gefragt, warum sie sich so schlecht behandelt. Später erfuhr ich durch ihre Lebensgeschichte die möglichen Ursachen. Wir müssen immer die Lebensgeschichte eines Menschen miteinbeziehen, denn diese prägt einen Menschen ungemein und bestimmt das Denken, Reden und Handeln eines Menschen und beeinflusst seine Lebensführung enorm, solange er seine Muster nicht erkennt und transformiert hat.

Habt ihr in eurem Leben nicht schon genug Leid und Schmerz erfahren? Ihr könnt es nun eintauschen gegen ein Leben in Frieden, Fülle und Liebe, ihr müsst lediglich das loslassen, was euren Schmerz und das Leid verursachen und euch daran hindert, glücklich und frei zu sein.

Ich führe euch aus der Knechtschaft heraus in die Freiheit der Kinder Gottes und gebe euch eure Selbstermächtigung zurück, die ihr einst gegen euer Ego-Bewusstsein eingetauscht und vergessen habt.

Euer kleines kindliches Herz sehnt sich nach Anerkennung, Lob, Schutz und Geborgenheit, all das findet ihr bei mir. Eure Seele ruft nach Befreiung aus der Knechtschaft der Angst, des Misstrauens und der Selbstverurteilung. All diese Dinge halten euch klein und ihr fühlt euch macht- und wertlos. All das geschieht durch die abwertenden Gedanken und die verachtende Haltung, die ihr euch selbst entgegenbringt. Diese Energie ist sehr stark und bewirkt, dass ihr die Liebe und das Wohlwollen Gottes nicht mehr spüren könnt. Ihr seid misstrauisch euch selbst und anderen und sogar Gott gegenüber. Ihr verliert die Verbindung zu euch selbst und seid wie ein Wanderer, der in der Wüste umherirrt und verzweifelt nach Wasser sucht.

Jesus fordert uns auf: Kommt mit mir und lasst alles, was euch daran hindert, wahrhaft zu lieben, zurück. Ihr werdet die Wunder des Lebens sehen und wieder die Freude und Leichtigkeit eurer Kindheit erfahren.

Wenn wir Jesus in unserem Leben wirken lassen, indem wir ihm unser Herz zu öffnen, sind wir gesegnet. Wir dürfen das Beste erwarten. So werden wir Wunder erleben und wie ein Kind staunen. Wenn Jesus uns berührt, sind wir nicht mehr derselbe Mensch, der wir vorher waren. In diesem Moment vollzieht sich in uns die Auferstehung zum neuen Leben. In diesem Augenblick sehen wir die Welt mit neuen Augen. Wir werden anders denken und sprechen, über uns und unsere Mitmenschen.

Gott schenkt uns sein bedingungsloses Vertrauen. Er hat immer an uns geglaubt und tut es bis zu diesem Augenblick. Das bringt er durch Jesus bis heute immer wieder zum Ausdruck. Jesus ist unter uns, in uns und mit uns. Er zeigt seine Gegenwart durch Menschen, Tiere und durch die Schönheit der Schöpfung.

Niemand kann das in uns vollbringen, was Jesus durch seine Liebe in uns bewirkt. Seine Gegenwart wirkt wie ein Mittel, das die Wunden unseres Herzens auflöst. Jesus ist der beste Lehrmeister der Selbstliebe und Nächstenliebe. Seine Augen spiegeln die Wahrheit und die Klarheit Gottes wider. Es genügt nur ein Blick von ihm und ein Wort aus seinem Mund – in jenem Moment geht ein Licht in uns auf.

Jesus führt uns zur Selbstannahme und Selbstliebe, indem er unseren Blick auf das Lichtvolle sowie das Vollkommene in uns richtet und indem er unsere Augen auf unsere Schönheit lenkt. Jesus löst unsere Schuldgefühle, unseren Selbsthass und unsere Autoaggression, deren Auswirkung in Form von Selbstbestrafung und selbstzerstörendem Verhalten zum Ausdruck kommt, z.B. indem wir uns ständig verausgaben und unsere eigenen Grenzen nicht achten oder uns das Gute und Schöne verweigern.

An dieser Stelle möchte ich dir meine Geschichte zum Thema Selbstannahme und Selbstliebe erzählen:

Als ich in meinem Beruf eingestiegen bin, war ich Feuer und Flamme und bin mit einer großen Portion Euphorie und Naivität an die Sache herangegangen (das war auch gut so und wichtig für mich). Ein gewisses Maß an Naivität dient als Schutzmechanismus, damit wir uns ohne Bewertung und Vorurteile an eine unbekannte Sache heranwagen.

Mein Leben drehte sich nur um die Arbeit und sogar in meiner Freizeit habe ich meine Zeit mit den Menschen geteilt und verschiedene Projekte gestartet. Ich habe das alles sehr gerne und mit großem Engagement gemacht. Ich wollte nur geben, den Menschen eine Freude bereiten und Gutes tun. Dabei habe ich im Laufe der Jahre aber immer wieder meine Grenzen überschritten, das Leid der Menschen zu meinem gemacht und meine Bedürfnisse und mich selbst dabei völlig vergessen. Das hat mit der Zeit seine Spuren hinterlassen. Ich bin in ein energetisches Ungleichgewicht geraten, das sich durch gesundheitliche Beschwerden bemerkbar gemacht hat, sodass ich eines Tages die Notbremse ziehen musste und lernen durfte, auch in die Selbstfürsorge zu gehen. Ich habe allmählich verstanden, dass wir als Mensch nicht nur geben und dienen können, sondern dass auch das Nehmen dazugehört, um überhaupt wieder empfangen zu können, und dass beides im Einklang zueinanderstehen muss. Lernen zu nehmen und zu empfangen, stellte in dieser Zeit meinen größten Lernprozess dar.

Als inkarnierter Erdenengel habe ich sehr hohe Ideale und Wertvorstellungen, vor allem mir selbst gegenüber. Zu dienen und zu helfen ist meine Mission, weshalb ich noch einmal hier auf Erden inkarniert bin. Doch es gibt viele Möglichkeiten, um das zu tun, und in der Neuen Zeit werden sich diese Möglichkeiten dazu verändern. Einer harten körperlichen Arbeit nachzugehen, entspricht absolut nicht mehr der Neuen Zeit. Ich spüre immer mehr, dass ich für höhere spirituelle Aufgaben berufen bin und sich mein Platz nicht mehr in meiner jetzigen Tätigkeit und diesem ungleichen System befindet.

Als ich fünf Jahre alt war, erkrankte meine Mama an einer schweren Form einer Autoimmunerkrankung. Durch ihre starken Gelenkschmerzen und die zahlreichen Krankenhausaufenthalte war meine Mama nach kurzer Zeit schon sehr von ihrer Krankheit gezeichnet und zeitweise nicht mehr in der Lage, den Haushalt und ihren Alltag allein zu bewältigen. Aus diesem Grund habe ich schon bald begonnen Verantwortung für meine Mama zu übernehmen und ihr, wo ich konnte, geholfen. Als ich zehn Jahre alt war, habe ich sie das erste Mal gepflegt. Ab diesem Zeitpunkt hat die schrittweise und schleichende Aufopferung bei mir begonnen. Damals war mir das aber nicht bewusst. Kinder übernehmen automatisch die Verantwortung und wollen ihren erkrankten Eltern helfen, weil sie möchten, dass es ihnen wieder besser geht. Kinder denken nicht darüber nach und machen das gerne. Auch über die Konsequenzen und Auswirkungen dieser Situation auf mein eigenes Leben habe ich mir zu diesem Zeitpunkt noch keine Gedanken gemacht. Ich war immer der Annahme, dass diese Geschehnisse und Erfahrungen keine Auswirkungen auf mich haben. Ich wurde jedoch eines Besseren belehrt. Ich bin jedoch daran gewachsen und habe viel über mich selbst und das Leben gelernt.

Als ich älter wurde und meine Pubertät eingesetzt hat, habe ich mich zum ersten Mal gegen meine Mama und diese sehr einschneidende Situation aufgelehnt. Ich wollte mich selbst finden und leben, wie alle Teenager in diesem Alter. Doch durch einige akute Vorfälle im Zusammenhang mit der Erkrankung meiner Mama habe ich begonnen, Ängste zu entwickeln, und es nicht gewagt, sie allein zu lassen. Sie war schon einige Male kurz davor, zu sterben. Ich hatte immer das Gefühl, ich müsse sie beschützen, auch wenn ich wusste, dass ich es nicht verhindern kann, dass etwas passiert. Ich muss ehrlich zugeben, dass ich andere Kinder manchmal ein wenig beneidet habe, dass sie mit ihren Eltern ganz normale Dinge machen konnten und auch beide Elternteile bei sich hatten. Mein Papa hatte ein Alkoholproblem und war auch nicht immer da. Meine Eltern haben sich getrennt, als ich sieben Jahre alt war. Darüber war ich aber auch irgendwie froh und erleichtert, da meine Eltern nicht miteinander klargekommen sind und so wenigstens endlich einmal etwas Frieden und Ruhe zu Hause eingekehrt ist. Das wünschen sich doch alle Kinder. Aber ich habe trotzdem gelernt, gut und konstruktiv damit zu leben und umzugehen und das Beste daraus zu machen. Das verdanke ich zum größten Teil meiner starken Anbindung an meine geistige Heimat, die mich während dieser Zeit geführt, begleitet und getragen hat und nicht zugelassen hat, dass ich mich auf Abwegen begebe. Dafür bin ich unendlich dankbar.

Im Laufe der Jahre habe ich das Leben meiner erkrankten Mama gelebt und dabei vergessen bzw. nicht bemerkt, dass ich eine eigenständige Persönlichkeit mit eigenen Bedürfnissen bin. Ich kannte ja bis zu diesem Zeitpunkt nichts anderes und habe auch nicht gewusst, was es bedeutet, ein eigenes Leben zu führen, und wie sich das anfühlt. Ich habe mich vollkommen mit der Krankheit meiner Mama identifiziert und bin ihr kaum von der Seite gewichen. Meine Mama war darüber natürlich sehr froh, dass ich für sie da war, und sie hat sich schließlich an meine Unterstützung und Hilfestellung gewöhnt. Ich war auch lange zu Hause und bin erst mit 25 das erste Mal ganz ausgezogen. Das hat mich sehr viel Mut gekostet, der über die Jahre wachsen musste. Als ich zum ersten Mal von zu Hause weg war, wusste ich nichts so recht mit mir und meinem Leben anzufangen. Ich musste erst lernen, mit mir selbst umzugehen, und mich an mein eigenes Leben gewöhnen und die freie Zeit auszufüllen sowie in mich und mein Leben hineinzuwachsen. Mit der Zeit habe ich jedoch begonnen, mein Leben, meine gewonnene Freiheit, die Ruhe und den Frieden zu genießen, und mich viel mit mir selbst beschäftigt und mich neu entdeckt und kennengelernt. Mit dieser Entwicklung bin ich jedoch zunehmend in einen inneren Konflikt mit mir selbst geraten, da ich plötzlich zwischen den Stühlen saß bzw. zwischen meinem Leben und meinen Bedürfnissen, die ich erkannte, und dem Leben und der Erkrankung meiner Mama und dem gebraucht werden von ihr. So gut es mir möglich war, habe ich über die Jahre versucht, diesen Spagat zu schaffen und ihr und mir mit meinem Leben gerecht zu werden. In mir regte sich aber immer mehr das Gefühl und das Bedürfnis nach einem gesunden Maß an Abstand und Abnabelung. Da zwischen mir und meiner Mama jedoch nie eine gesunde Mutter-Tochter-Beziehung möglich war, weil unsere Beziehung auf den Säulen der Erkrankung und der damit verbunden emotionalen Abhängigkeit beruhte, war dieser Prozess ein sehr schweres Unterfangen für mich. Durch meine Persönlichkeitsentfaltung und meine spirituelle Entwicklung habe ich mich auch immer mehr verändert, das hat auch meine Mama bemerkt. Und so haben auch die Konflikte zwischen uns immer mehr zugenommen, da meine Mama bis zuletzt nicht verstehen und annehmen konnte, dass ich nicht mehr uneingeschränkt für sie da war und mich auch nicht mehr loyal gegenüber ihr verhalten konnte und wollte, so wie sie es von mir verlangt und erwartet hatte.

In der Zeit dieses Prozesses wurde ich immer wieder von starken Schuldgefühlen geplagt. Ich hatte oft den Gedanken:

Ich lasse jetzt meine Mama im Stich und ich bin nicht bei ihr. Und mir darf es doch eigentlich nicht so gut gehen, wenn es meiner Mama so schlecht geht. Doch durch den zunehmenden räumlichen Abstand bin ich mir selbst immer näher gekommen und durfte so erkennen und ganz deutlich in mir spüren, dass ich glücklich sein darf, unabhängig davon, wie es meiner Mama geht und dass ich nur für mich selbst verantwortlich bin und meine Mama für sich Verantwortung trägt. Das war die pure Erleichterung für mich.

Meine Mama hätte in vielen Bereichen ihres Lebens professionelle Untersetzung benötigt, doch diese wollte sie nicht. Sie hat sich in ihrer Hilflosigkeit und Verzweiflung immer mehr an mich geklammert und hat ihre Verantwortung unbewusst und unwissend an mich abgegeben. Das ging sogar so weit, dass sie jene Menschen, von denen sie annahm, sie könnten unsere Beziehung gefährden, als Bedrohung angesehen hat. Ich habe begonnen, nach dem Glück und der Liebe, der Freude und der Schönheit des Lebens zu streben und ich wollte frei und unabhängig sein. Also bin ich meinen Weg durch Berg und Tal von zahlreichen Rückschlägen begleitet gegangen und habe begonnen, mich selbst zu suchen und zu finden. Dabei wurde ich von meiner Sehnsucht und dem inneren Impuls, meiner Bestimmung und meinem Herzen zu folgen, angetrieben. Es war ein wahrer Befreiungsschlag, den ich vollbringen musste. Doch ich habe daraus sehr viel gelernt und weiß eben dadurch, wie wichtig die Selbstliebe zur Bewältigung dieses Themas ist. Sie ist sogar die Grundvoraussetzung dazu.

Schon in meiner Jugend habe ich davon geträumt, mein Leben so zu führen, dass ich mich voll und ganz meiner spirituellen Entwicklung und meinen spirituellen Zielen widmen kann. Ich möchte mich auf das für mich Wesentliche konzentrieren: meine spirituelle Entfaltung, die Stärkung meiner Anbindung zu meiner geistigen Heimat und die Wahrnehmung meiner inneren Stimme. Mein Grundsatz in diesem Zusammenhang lautet bis heute: Bevor ich in einer schädlichen Beziehung lebe, die mein Leben erschwert und verschlechtert, bleibe ich lieber allein. Ich kann auch sehr gut mit mir allein sein und den inneren Dialog mit Gott in mir aufnehmen. Jedoch liebe ich die Gemeinschaft mit Gleichgesinnten genauso. Ich kann sagen, dass ich mein Lebensziel erreicht habe.

Mir wurden und werden alle Möglichkeiten geschenkt, mich spirituell weiterzuentwickeln, den göttlichen Impulsen zu folgen sowie meine Verbindung zur geistigen Welt zu zelebrieren und sie so auszubauen.

Besonders wir Erdenengel und Sternenwesen neigen dazu, in toxischen Beziehungen zu verharren. Wir tun alles aus Liebe und bemerken dabei nicht, wie sehr wir unter manchen Umständen leiden. Wir sind gekommen, um aus Liebe zu dienen, das heißt aber nicht, dass wir mit allem einverstanden sein und zu allem, was geschieht Ja und Amen sagen müssen und dass wir uns nicht von Menschen abgrenzen dürfen, die in uns Leid und Schmerz verursachen. Liebe bedeutet eben nicht, mit jedem Verhalten unseren Mitmenschen einverstanden sein zu müssen. Dieser Glaubenssatz begleitete mich ebenfalls lange Zeit. Ich war der Überzeugung, dass ich nicht in der Liebe bin, wenn ich mich von einem Menschen distanziere und abgrenze. Doch diese Erkenntnis durfte ich Gott sei Dank durch meine Geschichte erhalten. Du kannst dir also sicher sein, dass ich weiß, wovon ich hier spreche. Eine Beziehung jeglicher Art ist nur dann gesund und intakt, wenn sich Geben und Nehmen von allen Beteiligten im Gleichgewicht befindet.

Für uns inkarnierte Erdenengel und Sternenwesen ist es jetzt wichtiger als jemals zuvor, uns selbst wiederzufinden und zu achten, wertzuschätzen und uns vollkommen zu vertrauen, damit wir in unserer vollkommenen göttlichen Präsenz wirken und unsere Aufgabe, mit der wir uns inkarniert haben, erfüllen können. Das gelingt aber nur durch Selbstliebe. Wir dürfen und sollen unsere Energie und unsere hohe Frequenz ab sofort nicht mehr aus Rücksichtnahme auf andere Menschen drosseln, die noch nicht damit umgehen können. Aus diesem Grund werden jetzt auch die richtigen Menschen zusammenfinden und sich jene voneinander entfernen, die nicht mehr zusammenpassen bzw. nicht mehr zusammengehören. Wir Erdenengel und Sternenwesen mussten unsere hohen Energien immer aus Liebe zu unseren Mitmenschen unterdrücken, um uns halbwegs an ihre Energien und an die Frequenz der Dualität anpassen zu können, doch das ist jetzt vorbei. Jetzt wird es umgekehrt sein, jene Menschen, die jetzt bereit sind, den Aufstieg zu vollziehen, sind eingeladen und aufgerufen, ihr Herz zu öffnen und uns in die Neue Zeit zu folgen und ein vollkommen neues Leben im Bewusstsein der Einheit und der Liebe Gottes zu erfahren. Das ist nur möglich, wenn wir unser Licht mutig erstrahlen lassen. Damit weisen wir vielen Menschen den Weg. Nur so können wir die schweren Energien der Dualität, die noch vorhanden sind, aufweichen und transformieren. Wir sind die Vorreiter und die Vorbilder für all jene, die uns folgen werden, und es werden viele sein.

Durch die Frequenzerhöhung der Neuen Zeit wird die Spreu vom Weizen getrennt, d.h. jene Menschen, die in die 5. Dimension aufsteigen möchten, werden jetzt mit Gleichgesinnten zusammengeführt und sich von Menschen trennen, die ihnen nicht guttun und es nicht ehrlich meinen oder unter denen sie leiden, und jenen Menschen, die den Aufstieg jetzt noch nicht vollziehen möchten. Die Entscheidung zum Aufstieg beruht auf Freiwilligkeit und wird immer in Abstimmung und in Übereinstimmung mit dem Lernprozess jeder Seele vollzogen. Jene Menschen also, die sich bei dieser Welle gegen den Aufstieg in die 5. Dimension entschieden haben, bleiben in der 3. Dimension und in Zukunft unter sich, da der Unterschied der Frequenzen und der Lebensweise bereits zu groß ist. Das kann sogar die eigene Familie betreffen und sich dort bemerkbar machen. Das kann ich aus eigener Erfahrung bestätigen und es ist nicht einfach, damit umzugehen, ich weiß. Aber wenn Familienmitglieder noch nicht für den Aufstieg bereit sind, dann müssen wir das auch akzeptieren. Hier dürfen wir auch ihre Grenzen nicht überschreiten, indem wir versuchen, sie dazu zu bringen, sich für den Aufstieg zu entscheiden, denn das ist ein Eingriff in den Willen eines Menschen und führt zur Überforderung. Das bedeutet aber nicht, dass wir sie deswegen weniger lieben oder ihnen unsere Hilfe und Unterstützung nicht mehr zukommen lassen. Nein. Es geht nur darum, dass wir dies erkennen und aus den toxischen Beziehungen aussteigen und dabei kein schlechtes Gewissen mehr haben, denn wir dürfen selbst entscheiden, mit welchen Menschen wir uns umgeben möchten. Nur wenn wir uns mit Menschen und Energien umgeben, die uns guttun und uns aufbauen, können wir in unsere göttliche Kraft und zu uns selbst gelangen, und nur so können wir unseren Auftrag erfüllen und glücklich sein. Voraussetzung dafür ist die klare Entscheidung: Willst du glücklich sein? Oder willst du weiterhin in der Opferrolle bleiben und weiterhin leiden? Wir haben die Wahl. Wenn du dich eindeutig für das glücklich sein entschieden hast, dann kann es losgehen mit der Befreiung. So wirst du dich jeden Augenblick nach deinem Glück ausrichten und automatisch danach handeln.

An dieser Stelle möchte ich den Begriff inkarnieren bzw. Inkarnation übersetzen bzw. erklären, da ich nicht gerne mit Fremdwörtern um mich schmeiße, dieser Begriff in der spirituellen Materie jedoch sehr häufig vorkommt.

Carne= Fleisch

Inkarnieren heißt somit übersetzt: ins Fleisch gehen.

Das tun wir, wenn wir unsere geistige Heimat verlassen und als Mensch im physischen Körper geboren werden. Ab dem Zeitpunkt unserer Geburt treten wir aus der reinen Feinstofflichkeit aus, damit wir einen leiblichen, verdichteten Körper annehmen können. Unser physischer Körper ist jedoch auch nichts anderes als verdichtete feinstoffliche Energie, die sich durch die veränderte Frequenz materialisiert hat. Für uns Menschen stellt unsere Geburt einen großen Schock dar. Der energetische Unterschied zwischen unserer göttlichen Heimat – unserer jeweiligen Seelenebene, in der es nur Licht und Liebe gibt und in der wir vollkommen geborgen sind – und der niedrigeren Schwingungsfrequenz auf Erden ist sehr groß. So vollbringen wir bereits als Baby mit der Anpassung unserer göttlichen weitaus höheren Frequenz an die menschliche, irdische Schwingung eine enorm große Hochleistung.

Was sind Erdenengel? Erdenengel sind Seelen, deren geistiger Ursprung sich nicht auf der Erde befindet. Es gibt auch Seelen, die ihren geistigen Ursprung auf der Erde haben. Im Buch: „Erdenengel und das Gleichgewicht der neuen Erde“ von Belgin Groha, erschienen im Smaragd Verlag, kannst du mehr über dieses Thema nachlesen.

Lieber Wolf!

Ich bezeichne meine Erkrankung liebevoll als „Mein Wolf". Der Wolf hat ein machtvolles Wesen und symbolisiert für mich Stärke, Tapferkeit, Zusammenhalt und Mut. Alle diese Eigenschaften sind auch Werte der Neuen Zeit. Ich lerne jetzt genau diese Stärken für mich zu nutzen, um damit „meinen Wolf" neu in meinem Leben zu entdecken.

Denn auch dich habe ich zu lieben gelernt.

Dies drückt auch einer meiner Herzenswünsche aus: Jesus, ich wünsche mir, einen Wolf zu streicheln und ihm sagen zu können, wie sehr ich in lieb habe.

Ich kenne nun die Ursache meiner Erkrankung also den seelischen Hintergrund: Es hat mit der Missachtung meines inneren Kindes zu tun und mit der mangelnden Selbstliebe, Wertschätzung und Achtung, die ich mir jahrelang durch Aufopferung, Selbstbestrafung und der teilweisen Selbstzerstörung entgegengebracht habe. Ich habe mein inneres Kind einfach zurückgelassen und war mir damals als 10-jähriges Mädchen nicht über die Auswirkungen davon bewusst. Ich habe funktioniert bzw. ich musste damals „funktionieren", um unser Familiensystem aufrechtzuerhalten, damit es irgendwie weitergeht. Ich habe nicht darüber nachgedacht, was mit mir passiert und wie es mir dabei geht. Ich wollte einfach helfen.

Ich bin „meinem Wolf" aber sehr dankbar, denn er hat dazu beigetragen, dass ich der Mensch geworden bin, der ich heute bin. Meine Erkrankung hat meinen Weg sehr beeinflusst und ich durfte dadurch vieles über mich selbst und über das Leben lernen. Dadurch konnte ich ungemein wachsen und reifen.

„Meinem Wolf“ habe ich es auch zu verdanken, dass ich zu Beginn der Coronapandemie in Ruhe die Renovierung meiner Wohnung und meinen Umzug stemmen konnte. Denn ich konnte mich durch meine Erkrankung anfangs beurlauben lassen, da ich damit zur Hochrisikogruppe gehöre.

Ich möchte dir damit Mut machen und dich anregen, darüber nachzudenken, ob es nicht auch positive Aspekte und Lichtseiten deiner Erkrankung gibt, für die du dankbar sein kannst. Wenn du deinen Fokus auf die positiven Aspekte deiner Erkrankung richtest, kommt auch hier die Freude und damit werden deine Selbstheilungskräfte aktiviert. Das soll aber nicht bedeuten, dass wir unsere Erkrankung als Krücke benutzen sollen, indem wir sie vorschieben, um dem Leben und unserer Selbstverantwortung auszuweichen und sie als Vorwand und Rechtfertigung für unser Verhalten und unser Handeln zu benutzen. Damit missbrauchen wir unsere Erkrankung und auch all jene, die in unserem Umfeld von der damit verbundenen Situation betroffen sind. Vielmehr geht es darum, uns nicht von einer Krankheit vereinnahmen zu lassen, sondern auch daraus unsere innere Stärke zu entwickeln und auch hier in die Selbstverantwortung zu kommen. Hinter einer Krankheit verbirgt sich immer eine Botschaft unserer Seele, die wir vorher meist nicht hören, bis sie sich durch den Körper in Form einer Krankheit ausdrückt.

Von meiner Mama hörte ich oft die Aussage: „Ein kranker Mensch denkt anders.“ Ja das stimmt auch. Ein Mensch, der eine schwere Erkrankung hat, nimmt das Leben aus einem anderen Blickwinkel wahr und ist auch mit anderen Belastungen und Herausforderungen konfrontiert als ein gesunder Mensch. Ich habe meinen eigenen Zugang zu dieser Aussage. Für mich bedeutet dies, dass ein erkrankter Mensch zu einem völlig neuen Bewusstsein finden kann, das Leben und seine Schönheit viel bewusster und intensiver wahrnehmen und spüren kann, wenn er dazu bereit ist. Dadurch können wir lernen, in unserem Leben Prioritäten für das Wesentliche zu setzen und unser Lebenskonzept neu zu überdenken und es ggf. zu verändern. Dazu muss sich der Betroffene zuerst aber einmal die Frage stellen: Was ist das Wesentliche in meinem Leben?

Ich habe mir diese Frage gestellt und mich danach ausgerichtet und nicht nach meiner Erkrankung. Mir war die Auseinandersetzung mit mir selbst und meiner Krankheit von Anfang an wichtig, weil ich der Ursache auf den Grund gehen wollte. Meine Erkrankung war zwar diagnostiziert, jedoch habe ich mich nie als Opfer meiner Erkrankung gefühlt, weil ich die Chance sah, die sich dahinter verbirgt, und versuchte, die Botschaft darin zu verstehen. Ich habe trotz allem immer ein normales Leben geführt, bin meinem Beruf nachgegangen und habe meinen göttlichen Auftrag nicht aus den Augen verloren.

Mittlerweile ist die Erkrankung in meinem Körper nicht mehr nachweisbar.

Meditationsübung – Begegnung mit dir selbst

Ich werde oft gefragt: Wie gelingt es mir, bei mir selbst anzukommen und in mir Stille und Ruhe zu finden?

Dadurch wird deutlich, dass der Wunsch und die Sehnsucht, bei sich selbst zu sein, immer größer werden. Doch dieses Vorhaben beansprucht Zeit und tägliche Übung, Konsequenz und Beharrlichkeit in der Umsetzung.

Deshalb habe ich hier eine Meditation gechannelt, die dich dabei unterstützen soll, deinen persönlichen Raum zu gestalten, worin du dich wohlfühlst und dich vollkommen auf dich einlassen kannst. Ich gebe dir nur ein Gerüst mit, das du so gestalten und verändern kannst, wie es sich für dich angenehm und stimmig anfühlt. Denn jeder von uns hat auch beim Selbstfindungsprozess unterschiedliche Vorlieben und Bedürfnisse. Hier gibt es kein allgemeines Rezept.

Der erste Schritt in diesem Prozess ist deine aufrichtige Absichtserklärung an dich und an die Geistige Welt, um deinen Alltag so zu gestalten, dass du täglich 15 Minuten dazu Zeit findest, um dich von der Außenwelt zurückzuziehen.

Wenn wir möchten, dass sich die geistige Welt uns offenbart und mit uns bewusst in Kontakt tritt, müssen wir bereit sein, der geistigen Welt in unserem Alltag Raum zu geben

Formuliere deine Absichtserklärung, indem du sagst: Ich bin bereit, mich 15 Minuten in mein Herz zu begeben und seinen Impulsen bedingungslos zu folgen und mich seiner Führung anzuvertrauen. Ich lasse mich hineinfallen und lausche seinen Klängen und höre zu, welche Botschaften es für mich bereithält, und handle auch danach.

Das wichtigste Werkzeug dabei ist die Atmung. Die Atmung ist die direkte und einfachste Verbindung zu uns selbst und stellt die Verbindung zu Gott in uns her.

Ziehe dich an einen ruhigen Ort zurück. Das kann auch gerne in der Natur sein. Zünde, wenn du magst, eine Kerze an. Du kannst auch sanfte Entspannungsmusik laufen lassen. Hier musst du aber herausfinden, ob das für dich stimmig ist. Für Menschen, die hellhörig sind, ist Musik im Hintergrund eher störend und erschwert die Wahrnehmung von Botschaften.

Schließe deine Augen und atme dreimal durch die Nase ein und durch den Mund aus. Lasse nun dicke Wurzeln aus Licht vom Becken abwärts durch deine Beine und Füße tief in den Boden wachsen und siehe, wie sie sich tief in der Erde verankern. Atme ruhig und in deinem Tempo weiter und lasse dich immer tiefer in dich hineingleiten. Sollten Gedanken in dir aufkommen, lasse sie vorbeiziehen und schenke ihnen keine Aufmerksamkeit. Konzentriere dich vollkommen auf deinen Atem und sinke immer tiefer in den Grund deines Herzens. Hier bist du völlig beschützt und geborgen.

Stelle dir nun vor, wie du in deinem Seelenland ankommst. Wie sieht es dort aus? Was hörst du? Was nimmst du wahr? Welche Farben siehst du?

Vielleicht liegst du auf einer Wolke oder auf eine Blumenwiese. Vielleicht spazierst du barfuß im Wald. Vielleicht hörst du das Zwitschern der Vögel, das Pfeifen des Windes oder das Rauschen des Wassers. Vielleicht kannst du Lichtgestalten, Naturwesen oder Tiere wahrnehmen.

Nimm alle Geschenke an, die du bekommst, und empfange allen Segen und die Gnade, die von Gott in deinem Herzen fließt. Du darfst alles empfangen, denn alles ist nur für dich vorbereitet und gehört dir.

Versuche, alles zu fühlen und aufzunehmen, und achte auf jedes Detail. Lass dir Zeit dabei.

Wenn du genug von deiner Herzensenergie aufgenommen hast, verabschiede dich langsam von deinem Seelenland mit dem Wissen, dass du jederzeit die Möglichkeit hast, es wieder zu besuchen. Atme ein paar Mal tief durch die Nase ein und den Mund aus, bewege sanft deine Arme und Beine und öffne deine Augen.

Wenn du magst, kannst du dir alles notieren, das hilft dir dabei, deine Erinnerungen wachzurufen und deine Prozesse festzuhalten und nachzuvollziehen.

Vom Mitleid zum Mitgefühl

Mitleid ist ein Stolperstein im Umgang miteinander und ein Hindernis in der Aufrechterhaltung intakter Beziehungen.

Es besteht ein wesentlicher und spürbarer Unterschied zwischen Mitleid und Mitgefühl. Beides fühlt sich unterschiedlich an und hat unterschiedliche Auswirkungen auf unseren Energiekörper und unser Gegenüber.

Die Energie des Mitleids zieht uns selbst und auch den Betroffenen nach unten, macht uns schwer und führt nicht zur Linderung des Leids. Somit führt diese Haltung nicht zur Lösung und stellt keine Hilfe und Unterstützung für den Betroffenen dar. Im Gegenteil. Wenn wir uns im Mitleid befinden, begeben wir uns in die Hilf- und Machtlosigkeit und begeben uns auf dieselbe Ebene und werden somit selbst zum Betroffenen und Leidenden. In diesem Augenblick sind wir für den ursprünglich Betroffenen keine Unterstützung, sondern ein Hindernis. Mitleid blockiert eine gesunde Interaktion und fördert emotionale Abhängigkeit. Damit vermehren und verstärken wir das Leid, anstatt es zu lindern. Durch diese Haltung erreichen wir genau das Gegenteil dessen, was wir erreichen möchten.

Mitgefühl hingegen verstärkt die Verbundenheit, das Verständnis, die Hoffnung, den Glauben, die Hingabe und die Verbindung zueinander und ermöglicht es, dass sich der Leidende mit der Hilfe jener Person, die diesem Menschen mit Mitgefühl begegnet, wieder am Licht aufrichten und den Weg zur Auferstehung finden kann. Wenn wir mitfühlen, achten wir die Würde eines Menschen und bringen ihm Wertschätzung entgegen. So sind wir in der Lage demjenigen mit seiner Not und seinem Anliegen ernst zu nehmen und Verständnis für unser Gegenüber aufzubauen und uns in ihn hineinzuversetzen, ohne uns dabei selbst aus dem Blick zu verlieren

Mitgefühl ist ein wichtiger Aspekt und ein Grundwert der Neuen Zeit, sowohl im Kollektiv als auch im Umgang mit sich selbst. Ohne Mitgefühl sind wir nicht in der Lage, ehrlich und aufrichtig zu lieben, weder uns selbst noch jemand anderen. Mitgefühl ist ein Herzensöffner und eine Brücke von Mensch zu Mensch. Es ermöglicht uns Menschen, näherzukommen und Vertrauen aufzubauen.

Hier geht es darum, aus dem Verstand in die Ebene des Herzens zu gelangen und vor allem für jene Mitgefühl zu entwickeln, mit denen wir bis jetzt noch nicht im Frieden sind und für jene, die wir noch verurteilen, mit deren Verhalten wir nicht einverstanden sind und die wir noch nicht verstehen können.

Früher habe ich den Weltschmerz am eigenen Leib gespürt. Großteils unbewusst habe ich versucht, die Last der Welt und von Mutter Erde auf mich zunehmen und wäre am Leid der Menschen und der Erde fast zerbrochen. Dadurch habe ich die Auswirkungen von Mitleid erfahren und durfte dadurch lernen und mich weiterentwickeln. Heute ist mir klar, dass es gesünder, leichter und effektiver ist, den Schmerz bei jener Person zu lassen, zu dem er gehört. So hat auch dieser Mensch die Chance, Erkenntnisse zu gewinnen, die ihn wachsen und reifen lassen. Wenn uns das gelingt, werden wir dem Ebenbild Gottes gerecht, denn auch Gott nimmt uns unser Leid nicht ab, aber er ist mit uns, geht mit uns und stärkt uns, damit wir unsere Lasten besser tragen können und nicht daran zerbrechen.

Wie es dir gelingt, dir selbst gegenüber Mitgefühl zu entwickeln?

- Höre auf, dich selbst zu bewerten, zu verurteilen, dich für deine Vergangenheit und deine Fehler anzuklagen, dich dafür selbst zu bestrafen und dich klein zu machen.
- Sei nicht so streng zu dir selbst, sondern gestehe dir ein, Fehler machen zu dürfen und nicht perfekt sein zu müssen, dadurch nimmst du den Druck von dir.
- Sollten negative Emotionen in dir aufkommen, bitte Erzengel Michael, sie mit seinem blauen Lichtstrahl zu neutralisieren. Stell dir vor, wie sich alle negativen Gedanken und Emotionen, die du dir selbst entgegenbringst in seinem blauen Strahl auflösen.
- Gehe es langsam an und stecke dir kleine Ziele, damit du Erfolgserlebnisse hast. Das stärkt die positive Beziehung zu dir selbst.
- Nimm dir täglich Zeit für dich und schenke dir den Raum, um dir selbst zu begegnen. Je näher du dir begegnest, umso leichter wird dir dieser Prozess fallen und umso leichter und schneller wird es dir gelingen, mit dir selbst mitfühlend zu sein.
- Begegne dir selbst möglichst ohne Erwartungen. Sei einfach bereit für alles, was du dir geben kannst und schenken möchtest.
- Mache dir jeden Tag eine kleine Freude, das erhöht deine Frequenz.
- Bitte die geistige Welt und insbesondere Jesus, dir dabei zu helfen, dir selbst mit Mitgefühl und Milde zu begegnen.

Wie du Mitgefühl mit deinen Mitmenschen entwickeln kannst

Auch dieser Prozess beginnt immer mit der Auseinandersetzung mit uns selbst in Form von Selbstreflexion. Dazu kannst du dir folgende Fragen stellen:

- Was bedeutet Mitgefühl für mich? Ist mir Mitgefühl wichtig?
- Bringe ich mir selbst Mitgefühl entgegen? Wenn ja, wie?
- Habe ich schon einmal Mitgefühl erhalten? Wenn ja, wie hat es sich angefühlt?
- Was hat sich dadurch in mir verändert?
- War ich schon einmal in einer Situation, in der ich mir (mehr) Mitgefühl gewünscht hätte?

Denke an eine Person, die dir nahesteht und stelle dir folgende Fragen:

- Wie würde ich mich in dieser Situation fühlen?
- Wie würde ich in dieser Situation reagieren oder handeln?
- Welche Unterstützung würde ich mir in dieser Situation wünschen?
- Was würde mir in dieser Situation guttun?
- War ich vielleicht sogar schon in einer ähnlichen Situation? Wenn ja, wie habe ich mich dabei gefühlt? Was hätte ich mir in dieser Situation gewünscht?

Versuche dich so gut, wie du kannst, in diese Person und ihre Lebenssituation hineinzuversetzen und dich auf ihre Situation vollkommen einzulassen und sie zu spüren.

Wenn du diese Übung beherrscht, kannst du dich an dir unbekannte Personen heranwagen.

Wenn du dein Mitgefühl trainierst, wirst du immer besser spüren, was dein Gegenüber gerade braucht und womit du deine Mitmenschen unterstützen und sie wieder aufrichten kannst. Achte dabei auf deine Impulse und versuche, ihnen zu folgen.

Ein Beispiel aus meiner Arbeit mit Trauernden Angehörigen:
Ich sage zu einem Angehörigen eines Verstorbenen nicht mehr „mein herzliches Beileid“, sondern: „ich möchte Ihnen mein tiefes Mitgefühl aussprechen.“ Dadurch bleibe ich bei mir, in meiner Energie und bringe den Trauernden aber gleichzeitig meine Wertschätzung, meine Anteilnahme und mein Mitgefühl entgegen und kann ihn so gut unterstützen.

Sich mit anderen vergleichen

Wir Menschen neigen dazu, uns mit anderen zu vergleichen. Das beginnt bereits im Kindergarten und zieht sich bis ins Erwachsenenalter und ins Berufsleben. Jeder von uns kennt den Gedanken: Der oder der kann das viel besser als ich. Der oder die hat viel bessere Ideen. Sich mit anderen zu vergleichen, muss nicht unbedingt immer negativ sein. Sich an anderen zu orientieren und jemanden als Vorbild zu betrachten, kann sogar eine große Motivation in uns auslösen und unseren Ehrgeiz fördern, seine Methoden und sein Business zu verbessern und weiterzuentwickeln, und schenkt die Möglichkeit, über sich hinauszuwachsen. Meistens jedoch führt dies zu einem steigenden inneren Druck und löst in uns das Gefühl von Minderwertigkeit, Verunsicherung und Frustration aus. Auch Neid und Missgunst können dadurch entstehen. Dies führt dazu, dass wir uns nicht mehr auf uns und unsere Talente konzentrieren und unserer Potenziale und unsere Stärken aus dem Blick verlieren. Mit diesem Denken richten wir unseren Blick mehr und mehr auf den Mangel in unserem Leben, weil wir viel mehr das sehen, was wir nicht haben, und weil wir glauben, wir bräuchten noch dies oder jenes, um glücklich und zufrieden sein zu können. Mit dieser Überzeugung und unserer destruktiven Haltung und Denkweise blockieren wir die Energie der Fülle, unsere Kreativität und Schöpferenergie. So geraten wir zunehmend in den Strudel von übertriebener Selbstkritik und Selbstverurteilung. Das hat zur Folge, dass unsere Selbstakzeptanz abnimmt und somit auch unsere Frequenz wiederum herabgesetzt wird.

An dieser Stelle möchte ich dir gerne ans Herz legen, dass du deinen eigenen individuellen Weg gehen darfst und du mit deinem Leben, deinen Ideen, deinen Talenten und Fähigkeiten und mit deiner Energie ganz einzigartig bist. Jeder von uns hat seinen eigenen Platz bekommen, an dem er am besten wirken darf. Für jeden von uns ist der Platz vorgesehen, der dem Seelenplan entspricht.

Hier geht es darum, seine eigenen Ideen zu entwickeln und nicht die Arbeits- und Herangehensweise von jemand anderem zu kopieren oder zu denken: „Ich möchte es genauso machen wie diese oder jene Person." Das führt nämlich nur dazu, dass du von deiner eigenen Seelenspur mit deiner eigenen Signatur abweichst, nur weil du denkst, dass du nicht gut genug bist, oder noch mehr tun musst, um genauso gut zu sein wie die anderen. Doch das ist eine Illusion, die uns nicht unserem Ziel und unseren Träumen und Visionen näherbringt, weil wir der Spur von jemand anderem folgen und uns damit selbst in eine Schablone zwängen, die nicht für uns vorgesehen ist.

Sei ehrlich und aufrichtig zu dir selbst, stehe zu deinen Überzeugungen, deiner Meinung, deinen Zielen, deinen Träumen und zu dem, was du fühlst. Denk nicht darüber nach, was andere über dich denken oder sagen. Es ist dein Leben, dein Körper und nur du entscheidest darüber. Du bist der Schöpfer deines Glücks und deiner Realität.

Gehe deinen eigenen Weg im Vertrauen auf deine göttliche Führung. Dabei wirst du dich selbst mit deinem Potenzial und deinem einzigartigen Sein entdecken.

Deine Visionen sollen keine Träume bleiben, sondern zu deiner Wirklichkeit werden.

Lasse dich nicht in eine Schablone pressen, nur um dazuzugehören und um geliebt zu werden. Schwimme nicht mit dem Strom, sondern folge stets deinem Herzen. Sage nicht Ja, wenn du eigentlich ein Nein fühlst. Wenn Menschen dich nur lieben, weil du dieses oder jenes im Außen bist oder tust, lieben sie dich nicht wirklich. Wahre Liebe ist an keine Bedingungen geknüpft und bedeutet, dass du bei jemandem so sein darfst, wie du bist. Dich nicht verstellen und verbiegen musst.

Jetzt kommt die Zeit, in der wir alle Werkzeuge und die göttliche Macht wieder erhalten bzw. wieder aktivieren, um unsere Visionen zu verwirklichen, und sie nicht mehr nur träumen. Nutze die Chance, rufe Jesus und bitte ihn, dir zu zeigen, wie du deine Selbstverantwortung übernehmen und so in die Selbstermächtigung gelangen kannst. Jesus ist ein wahrer Meister der Selbstermächtigung und er ist für alle da, auch wenn wir noch so viele blockierende Glaubenssätze in uns tragen und uns dadurch noch so klein fühlen mögen. Jesus führt uns zu unserer göttlichen Größe und in unsere Göttlichkeit.

Du wirst jetzt gebraucht mit dem, was du in Wahrheit bist und immer warst. Du wirst jetzt gebraucht, mit deiner Liebe, deiner Stärke und deinem Mut, um die Erde zu erneuern.

Bist du bereit, dich Jesus mit allem, was zu dir gehört, zu übergeben und ihm dein Leben anzuvertrauen?

Wie im Kleinen, so im Großen

Wenn du die Welt mit deiner Schwingungsfrequenz zum Positiven verändern und mit deinem Göttlichen Sein große Kreise in der Welt ziehen möchtest, musst du zuerst deine Energie anheben und in dir und deinem Umfeld kleine Kreise der Selbst- und Nächstenliebe ziehen. Die Ausdehnung des Lichts beginnt immer von innen, also bei dir selbst, und wird immer stärker, intensiver und breitet sich dann erst im Außen aus und wird dann erst für andere spürbar.

Du kannst das zunächst üben, indem du nicht nur deine Familie, Freunde und Bekannte in dein Gebet einschließt, sondern darüber hinaus auch allen Menschen in deinem Ort, deinem (Bundes)Land, deinem Kontinent und schließlich alle Menschen und Tiere auf der ganzen Erde in dein Herz einschließt, sie segnest und sie ins Licht und die Liebe Gottes einhüllst. Auch jene Menschen, mit denen du vielleicht Streit hast oder die dich nicht gut behandeln oder mit deren Verhalten du nicht einverstanden bist. Ich schließe vor allem auch alle Soldaten und Politiker mit ein auch jene, die den Krieg und das Leid zu verantworten haben, denn gerade sie brauchen den Segen und die Liebe Gottes, damit sie ins Licht zurückkehren können. Ja, genau, du hast richtig gelesen, auch jene Menschen, die solches Leid über die Welt bringen, sind göttlich. Auch sie tragen den Funken und die Liebe Gottes in sich. Sie lassen sich in dieser Inkarnation jedoch ausschließlich von ihrem Ego lenken und beeinflussen, wodurch sie in die Irre geführt werden und so zu diesen Handlungen fähig sind. Diese Menschen kennen noch keinen anderen Weg, weil sie Gott noch nicht erfahren haben, aber auch sie werden eines Tages, und sei es in einer anderen Inkarnation, zu Gott zurückkehren, sobald sie diese menschlichen

Entwicklungen abgeschlossen haben und als Seele so weit gereift sind, dass sie dazu bereit sind, die Liebe Gottes anzunehmen. Auch diese Seelen werden eines Tages den Weg der persönlichen Transformation und Läuterung beschreiten und jene Prozesse durchlaufen, die wir bereits durchlaufen haben und auch noch vor uns haben. Das wird mit der Verwandlung vom Saulus zum Paulus zum Ausdruck gebracht. Saulus verfolgte die Anhänger Jesu, bis er Jesus begegnete und durch die Frage Jesu: Warum verfolgst du mich?, schließlich umkehrte und selbst zu seinem Anhänger wurde. Von diesem Augenblick begannen die Läuterung und Transformation von Saulus, sodass er völlig verwandelt war und deshalb von Jesus den Namen Paulus erhielt.

An dieser Stelle müssen wir bedenken, dass auch wir in vergangenen Inkarnationen getötet und Leid und sogar Tod über die Welt gebracht haben, und auch wir sind irgendwann an einem Wendepunkt angelangt, der uns umkehren ließ zu Gott in uns. Auch uns hat Gott trotzdem seine Liebe geschenkt. Gott hat auch uns nicht aufgegeben, im Gegenteil, sonst wären wir nicht dort, wo wir jetzt sind, und ich würde nicht dieses Buch schreiben können. Wir alle werden und wurden vom Saulus zu Paulus. Ich weiß aus eigener Erfahrung, wie schwer es ist, sich diese Tatsache einzugestehen und dies zuzulassen. Auch mir ist es so ergangen: Der Gedanke an Reinkarnation und daran, dass ich mich in so vielen Inkarnationen schuldig gemacht haben soll, löste in mir zu Beginn große Angst und Ablehnung aus. Ich hatte Angst, dadurch meine ursprüngliche Reinheit und meine Unschuld zu verlieren. Doch das kann niemals passieren. Als Seele bleiben wir immer das, was wir von Anbeginn an waren. Unsere Reinheit als Seele und unsere Göttlichkeit sind unantastbar, egal, in welche „Rollen“ wir als Mensch im Spiel des

Lebens auch immer schlüpfen mögen. Alle Rollen, die wir hier auf Erden in einer Inkarnation spielen, basieren auf Absprachen in Liebe und auf Verträgen, die wir mit anderen Seelen auf der Seelenebene abgeschlossen haben, an die wir uns jedoch, sobald wir inkarnieren, nicht mehr erinnern können. Doch unsere Seele weiß darum und verfolgt beharrlich ihren Plan, der sich wie ein roter Faden durch unser Leben zieht und durch den wir durch Impulse unserer Seele unbewusst oder bewusst, je nachdem, ob wir uns damit beschäftigen oder nicht, geführt werden.

Durch meine persönliche Transformation habe ich es geschafft, diesen Gedanken immer mehr zuzulassen und mich damit zu beschäftigen. Dadurch habe ich den Sinn und den Segen der Wiedergeburt immer mehr erkannt und gespürt. Durch jede Inkarnation gewinnen wir Weisheit dazu und machen als Seele große Fortschritte in unserer Entwicklung, die wir immer wieder in die nächste Inkarnation mitnehmen, und von dieser Warte aus starten wir in ein neues Abenteuer des Menschscheins. Das bedeutet, wenn wir wieder inkarnieren, knüpfen wir immer dort an, wo wir aufgehört haben, als wir wieder in unsere geistige Heimat zurückgekehrt sind. Uns geht hier also nichts verloren.

Durch diese wichtige Erkenntnis und meine Entwicklung hat sich mein Energiefeld stark erweitert, sodass ich Zugang zu vielen Erfahrungen erhalten habe, die ich ohne die Annahme nicht machen hätte können. Wir waren nicht nur Täter und Opfer, sondern auch Heiler, Mystiker, Propheten usw. Alle unsere Inkarnationen beherbergen einen großen Erfahrungsschatz, durch den wir als Seele gereift sind. Dadurch wurde unsere Entwicklung erst möglich und nur dadurch können wir jetzt unser Potenzial hervorbringen, weil wir aus dieser Schatzkiste aus den Erfahrungen aus vergangenen

Inkarnationen schöpfen und so der Welt jetzt damit helfen können, zudem werden wir in unserer Eigenverantwortung geschult.

Jede Seele durchläuft diesen Prozess, sobald sie sich das erste Mal als Mensch inkarniert, dieser beginnt als Baby-Seele und findet seine Vollendung als weise Alt-Seele. So kommen wir im Schnitt ungefähr 100- bis 150-mal als Mensch auf die Erde zurück, bis wir unseren Zyklus auf der Erde abgeschlossen haben und endgültig wieder in höhere Lichtebenen aufsteigen. Eine der wenigen Seelen, die davon ausgenommen waren, ist Jesus. Seine Seele war nur einmal inkarniert, um Gottes Gegenwart und seine Liebe zu verkünden. Gott selbst hat all seine Anteile in der Gestalt Jesu gebündelt manifestiert, so hat Jesus seinen Auftrag in einer einzigen Inkarnation erfüllt.

Was bedeutet Karma?

Karma beruht auf dem göttlichen Gesetz von Ursache und Wirkung, d.h. alle Energien unseres Handelns und unserer Taten, die nicht dem Licht dienen, müssen irgendwann wieder ausgeglichen und in die Waage gebracht werden. Aus diesem Grund erfahren wir in einem neuen Leben wieder eine ähnliche Situation, um diese Erfahrung noch einmal zu machen und noch einmal hineinzufühlen, um so daraus lernen und unser Handeln korrigieren zu können.

Aufgrund dieses Wissens ist es für mich noch absurder, über einen Menschen zu urteilen und zu richten.

Durch die neue Zeitqualität können wir unser Karma jetzt viel schneller transformieren und alle Verstrickungen im Hier und Jetzt lösen, ohne dazu in vergangene Inkarnationen zurückgeführt werden zu müssen, so, wie es früher der Fall war.

Selbstwert und Wertschätzung

Der eigene Selbstwert sagt aus, wie viel Wert wir uns selbst geben. Wenn wir uns selbst nicht genügend oder gar keine Wertschätzung entgegenbringen, wirkt sich dies auf alle Lebensbereiche aus, vor allem aber auf der finanziellen und zwischenmenschlichen Ebenen. Wir wünschen uns vom Partner, der Familie, unseren Arbeitskollegen usw., wertgeschätzt, gesehen und für das, was wir jeden Tag tun und leisten, anerkannt zu werden. Doch wie viel Wertschätzung und Anerkennung bringen wir uns selbst entgegen? Wie viel Wert geben wir uns selbst? Diese Fragen sollten wir uns zuallererst einmal stellen. Denn wie soll das funktionieren, von anderen gesehen zu werden und Anerkennung und Wertschätzung zu erhalten, wenn wir uns selbst nicht wertschätzen? Wenn wir das noch nicht können, können wir das auch nicht vom Außen erwarten, denn solange wir uns nicht unseres eigenen Wertes bewusst sind, setzen wir uns selbst herab, dadurch wird auch unsere Frequenz herabgesetzt. Das wiederum strahlen und senden wir unbewusst aus. Die Auswirkung zeigt sich durch mangelnde Wertschätzung und Anerkennung vom Außen. Hier wirkt das Gesetz der Resonanz, durch das wir immer wieder Menschen anziehen, die uns mangelnde oder gar keine Wertschätzung entgegenbringen und uns so unsere Haltung uns selbst gegenüber spiegeln. So ziehen wir in der Selbstständigkeit Kunden an, die nicht bereit sind, das von uns verlangte Honorar zu bezahlen, oder Menschen, die kein Geld haben, oder wir bekommen Kunden, die wir mehrmals an die Zahlung erinnern müssen. Durch mangelnden Selbstwert und fehlende Wertschätzung blockieren wir die Fülle in unserem Leben und machen uns dadurch zum Opfer unserer angespannten finanziellen Situation.

Gerade wir Lichtarbeiter, die gekommen sind, um zu helfen und zu dienen, neigen aufgrund unserer Überzeugungen, die dem Wohle aller dienen dazu, unsere Angebote kostenlos anzubieten und einfach nur zu geben. Doch auch in der spirituellen Branche muss es einen energetischen Ausgleich geben, in welcher Form auch immer, ob durch ein Tauschgeschäft oder eine entsprechende Bezahlung. Doch solange wir uns das nicht wert sind und uns hier von unseren Zweifeln vereinnahmen lassen, wird die Fülle blockiert bleiben.

Auch wir Heiler dürfen Geld verlangen für unsere Energie, unsere Zeit und für unser spirituelles Können, denn wir haben unsere Gaben zwar von Gott und der Geistigen Welt bekommen, doch das heißt nicht, dass wir alles kostenlos machen sollen, denn das schmälert wiederum unseren eigenen Wert, und somit bewegen wir uns immer im Kreis von mangelnder Fülle, Wertschätzung und Anerkennung im Außen. Es ist nun einmal noch so, dass wir in einer Welt leben, in der Geld unser Zahlungsmittel ist, das wir aufgrund der Dualität und der niedrigen Frequenz mit unserem Ego erschaffen haben. In unserer Welt benötigen wir nun einmal Geld, um damit unseren Lebensunterhalt zu verdienen, auch wenn sich viele von uns schon lange nach einem anderen Ausgleich und einem neuen Bezahlungssystem, das der Neuen Zeit entspricht, sehnen. Doch damit sich dieses System verändern kann und wir hier in eine neue Energie eintreten können, muss sich das Bewusstsein der Menschheit noch deutlich transformieren und die Frequenz erhöht werden. Eine Welt ohne Geldsystem funktioniert nur, wenn das Kollektivbewusstsein so weit angehoben ist, dass wir uns wieder in der bewussten Empfänglichkeit der Liebe Gottes befinden und nur, wenn wir bereit sind, uns ausschließlich und bewusst von der Liebe Gottes führen zu lassen.

Geld ist pure Energie und auch wir dürfen mehr Geld haben, als wir brauchen. Wir Lichtarbeiter haben die Aufgabe, unser Geld für das Gute einzusetzen, um damit zu helfen, dort, wo es für gute Zwecke benötigt wird. Aber wie soll das gehen, wenn wir uns nicht in der Fülle befinden, weil wir den Geldfluss durch mangelnden Selbstwert blockieren? Man kann sagen, die Höhe unseres Einkommens und unsere finanzielle Lage, in der wir uns befinden, spiegelt unseren Selbstwert wider.

Wertschätzung hat eine Auswirkung auf unser Auftreten und unsere Souveränität und ist eine wichtige Säule der Selbstannahme und Selbstliebe. Wertschätzung und Selbstachtung ist eine Liebeserklärung an uns selbst und an Gott in uns.

Wenn wir uns selbst und unser Leben wertschätzen, achten wir automatisch auch Gott, der das Leben ist. Wir können Gott kein größeres Geschenk machen als unser Leben, das ein Geschenk Gottes an uns ist, in Fülle und Freude zu leben, es zu feiern und es in Dankbarkeit, Wertschätzung und Achtung anzunehmen und das Schönste daraus hervorzubringen.

Selbstverurteilung

Selbstverurteilung tritt immer in Verbindung mit mangelnder Selbstliebe auf.

Durch Selbstverurteilung sprechen wir ein hartes Urteil über uns selbst und machen uns zu unserem eigenen Richter. In der Folge verurteilen wir auch andere viel rascher, weil wir diese Energie meist unbewusst nach außen spiegeln, um diese Resonanz der Verurteilung durch Menschen erneut zu erfahren, um aus dieser Erfahrung zu lernen und diese Energie in uns in Licht zu verwandeln.

Die Folgen und Auswirkungen von Selbstverurteilung

Wenn wir uns für unsere Fehler und Schwächen verurteilen, entfernen wir uns von unserem göttlichen Kern in unserem Herzen. Wir verlieren das Vertrauen zu uns selbst, setzen uns herab und schwächen somit unsere Göttlichkeit und die Christusenergie in uns. Das führt mit Fortdauer zu Selbsthass, Wut, Traurigkeit und Selbstmitleid. Wir verletzen uns selbst, indem wir uns abwertende Gedanken entgegenbringen. Damit sind meist auch destruktive Handlungen und Verhaltensweisen verbunden, die unsere Seele und unseren Körper zusätzlich schwächen und unsere Frequenz stark verringern. So sind wir viel anfälliger für psychische und physische Erkrankungen und haben kaum noch Verbindung zu unserer Intuition, womit wir manipulierbar sind. In diesem Zustand kann es passieren, dass wir uns in toxische Abhängigkeiten von Menschen oder chemischen Substanzen begeben, um unseren Schmerz und unser Leid damit zu betäuben und nicht spüren zu müssen. Durch dieses Verhalten geraten wir zunehmend in einen Teufelskreis aus Schmerz, Leid, Sucht und Abhängigkeit. So sind wir nicht in der Lage, unser Problem zu lösen, da die Symptome ständig zugedeckt und unterdrückt werden und so nicht ins Bewusstsein gelangen können und somit die Ursache nicht behoben werden kann. Wenn wir unseren Schmerz lösen und innerlich wieder ganz und vollkommen werden wollen, müssen wir uns dem Schmerz stellen, ihn zulassen und ihn fühlen. Nur so können wir alle unsere seelischen Aspekte und Anteile wieder zusammenführen.

Wenn es uns gelingt, statt der Selbstverurteilung in die Annahme und die Akzeptanz zu kommen, werden neue Energien frei, die es möglich machen, mit unserem Schmerz besser umzugehen, ihn aushalten zu lernen und ihm in „die Augen zu schauen“. Dadurch verliert der Schmerz seine Macht und seinen Schrecken und wir erkennen die Liebe und das Potenzial, welches sich dahinter verbirgt.

Neue Form der Gottesbeziehung und des Glaubens

Ich möchte auf dieses Thema eingehen, weil es die bemerkenswerte Entwicklung von einer Generation zu nächsten zeigt, die ich in meinem Beruf als Diplomsozialbetreuerin für Altenarbeit beobachten darf.

Bei den früheren Generationen war Gott noch der Mittelpunkt des Lebens. Die Menschen verschiedener Religionen haben ihr Leben nach den Geboten und dem Willen Gottes ausgerichtet. Das geschieht in vielen Kulturen auch heute noch so. Doch in unserer heutigen modernen Gesellschaft und Lebensweise hat Gott augenscheinlich immer weniger Bedeutung und spielt nur mehr für wenige in ihrer Lebensgestaltung eine zentrale Rolle.

Ich bin der Überzeugung und erlebe das auch in meinem Umfeld so, dass viele Menschen einen starken Glauben an Gott und eine tiefe spirituelle Verbindung zu Gott haben, ohne es öffentlich auszudrücken. Viele Menschen zelebrieren ihren Glauben auf eine andere und neue Art und Weise, die für sie zeitgemäß erscheint und zum modernen Lebensstil passt. Ich habe erfahren, dass Menschen, die nicht (regelmäßig) die heilige Messe besuchen, eine tiefere Beziehung zu Gott haben und auch eine tiefere Beziehung als jene Menschen, die aus reiner Gewohnheit seit ihrer Kindheit Sonntag für Sonntag die heilige Messe besuchen, nur weil es in der Familie Tradition ist und immer so war. Auch wenn es davon immer weniger gibt. Das ist kein lebendiger Glaube, sondern eine Gewohnheit, die dringend hinterfragt werden sollte. Es geht nicht darum, dass wir im Außen bestimmte Handlungen vollziehen, wie es in den Religionen vorgeschrieben ist. Es geht um das, was wir im Herzen fühlen, weswegen wir die Beziehung zu Gott im Alltag leben, und darum, das

Gottvertrauen im Leben zu festigen und unsere eigenen Erfahrungen mit Gott zu sammeln sowie uns ein eigenes Bild von ihm zu machen. Wahres Gottvertrauen und die Tiefe der Verbindung zu ihm zeigt sich für mich im echten Leben im Alltag mit all seinen Herausforderungen. Die Liebe Gottes trotz aller Höhen und Tiefen, verbunden mit den Sorgen um die Existenz, mit den Kindern, mit unseren Haustieren und den Schwierigkeiten, die zwischenmenschliche Beziehungen mit sich bringen, auszudrücken und zu leben und trotz alledem oder gerade deshalb auf Jesus zu vertrauen, ist für mich die wahre Kunst, die wir mit und durch unsere Spiritualität vollbringen können. Dieser Gedanke hat seinen Ursprung in meiner früheren Überzeugung bzw. meinem Glaubenssatz. Ich war der Meinung, ich könne Gott nur nahe sein, wenn ich mich von der Welt und dem normalen Leben zurückziehe und mit so wenigen Ablenkungen wie möglich konfrontiert werde. Doch es ist nicht schwer, zurückgezogen zu leben und Gott zu lieben und anzubeten und ihn so zu erfahren, als ihm trotz mancher schwierigen Lebensumstände zu vertrauen, die Beziehung zu ihm aufrechtzuerhalten und an ihn zu glauben. Gott ist das Leben und er wirkt und zeigt sich vor allem auch hier, im Kontakt mit Menschen und Tieren und allen Geschöpfen und nicht nur in der täglichen Abgeschiedenheit, fernab aller Zivilisation oder im Rückzug im Kloster. Sicher es gibt viele Menschen, für die das der Weg ist, Gott zu begegnen. Doch für mich zeigt sich Gottes Gegenwart überall dort, wo Menschen einander Liebe schenken und sich mit ihm verbinden, und das kann an jedem Ort sein, sei es in der Kirche, zu Hause, in der Schule, am Arbeitsplatz oder sonst wo. Die Gegenwart Gottes ist nicht an einen bestimmten und heiligen Ort gebunden. Der reinste und heiligste Ort, an dem wir Gott immer nahe sein und uns selbst jederzeit begegnen können, ist einzig unser Herz, und das haben wir immer bei uns und das kann uns auch niemand nehmen. Ich durfte erkennen, dass mein Auftrag darin besteht, Gott überall zu begegnen und mitten im Leben und vor allem im Alltag den Menschen ein Licht zu sein.

Gott möchte unser Fundament sein, auf dem wir unser Haus bauen. So werden wir nicht so leicht von den Stürmen des Lebens durcheinandergewirbelt. Wir finden immer wieder Halt in uns selbst, wenn wir Gott eine Chance geben, unser Lebensfundament zu sein und es zu festigen und unser Leben vor allem in stürmischen und chaotischen Zeiten zu halten.

Nicht die sich wiederholenden Handlungen im Außen, die wir aufgrund einer Religion vollziehen, bringen uns Gott näher, sondern unser liebendes Herz, Menschlichkeit sowie die Hingabe und die Freude und die Liebe, die wir unseren Mitgeschöpfen entgegenbringen und die Haltung, mit der wir unseren Alltag bewältigen und unser Leben meistern. Es geht darum bei allem, was wir tun, das Göttliche in uns zum Ausdruck zu bringen. Im Alltag zeigt sich erst, wie weit wir in unserer spirituellen Entwicklung und in unserer Liebesfähigkeit vorangeschritten sind. Mitten im Leben werden wir geprüft und werden zum Meister des Lebens ausgebildet. Wenn wir etwas nur tun, damit es getan ist oder weil es uns unsere Religion vorschreibt, ist das ein Betrug an uns selbst, wodurch jedoch die Beziehung zu Gott nicht wächst und gedeiht, sondern im Stillstand verharrt. Leben bedeutet ständige Weiterentwicklung und Veränderung und heißt auch, dafür bereit zu sein. Mein Motto in diesem Zusammenhang lautet: Ich bin dort, wo Gott mich braucht. Dort, wo ich am besten dienen kann. Weiterentwicklung fördert unser geistiges Wachstum, das wir genauso brauchen, wie eine Blume Wasser benötigt, um zu gedeihen und zu überleben.

In meinem Beruf in der Altenbetreuung mache ich immer mehr die Erfahrung, dass die nächste Generation, die jetzt in unsere Einrichtung kommt (Nachkriegsgeneration) sich im Glauben mehr und mehr eigenständig entwickelt. Konfessionen, religiöse Verbote und Gebote verlieren dabei immer mehr an Bedeutung. Menschen möchten sich ihr eigenes Bild von Gott und der Welt machen und sind nicht mehr bereit, ein vorgegebenes Gottesbild blind zu übernehmen. Die Kriegsgeneration war von der „Ja und Amen"-Mentalität und der Angst, mit ihrem Leben besonders in Bezug auf ihre Sexualität eine Sünde zu begehen, geprägt und wagten deshalb nicht zu widersprechen, schon gar nicht einem Priester. Das ist bei der Nachkriegsgeneration nicht mehr der Fall. Viele ältere Menschen, die ich betreue, haben sich ihre eigene Meinung gebildet und machen sich ihr eigenes Bild von den Dingen. Sie vertreten ihre eigenen Überzeugungen und Ansichten in Bezug auf Gott und das Leben und stehen auch dazu. Diese Veränderung ist für mich eine bemerkenswerte Entwicklung von einer Generation zur nächsten. Die neue Generation der jetzigen Senioren scheint diese Angst und die damit verbunden Glaubenssätze abgelegt zu haben, auch wenn es natürlich in jeder Generation, so auch in der Kriegsgeneration, Ausnahmen sowie Menschen gibt, die eine Vorreiterposition einnehmen.

Ich habe mich über das Kreuz und den gekreuzigten Jesus hinweg entwickelt hin zu Auferstehung und zur Freude und Schönheit des Lebens. In der Liebe Gottes braucht es keine

Verbote und Gebote. Allein die Liebe reicht als einziges Gesetz aus.

Öffne dein Herz, vor allem dann, wenn du mit Herausforderungen konfrontiert bist, denn so kannst du dich immer wieder am Licht der Liebe Gottes aufrichten

Wenn wir uns in einer emotionalen Ausnahmesituation befinden, wir in einer Krise stecken und uns das Leben vor scheinbar unüberwindbare Herausforderungen stellt, neigen wir dazu, unser Herz zu verschließen und uns in unser schützendes und sicheres Schneckenhaus zurückzuziehen. Das geschieht meist völlig automatisch und unbewusst, da es genauso als Muster in uns angelegt ist und wie ein Reflex ausgelöst wird. Doch das führt dazu, dass wir auch die Liebe zu uns selbst und die Liebe Gottes meist nicht mehr spüren und fließen lassen können. Es sollte jedoch genau umgekehrt der Fall sein, denn gerade in solchen Situationen und in Lebenskrisen brauchen wir die Liebe von Menschen und die Liebe Gottes am meisten. Ich habe diesen Vorgang früher auch bei mir beobachtet. Ich habe mich sehr oft in solchen Situationen in meine Angst geflüchtet und konnte dadurch die Gnade und die Führung durch die Geistige Welt nicht mehr wahrnehmen und war kaum mehr in der Lage, Liebe zu geben, da ich in mir gefangen und wie gelähmt war. Angst ist die größte Blockade und gehört gleichzeitig zu den größten Illusionen, die wir uns mit unseren Gedanken aufgebaut und in unserer Realität durch Ereignisse erschaffen haben. Durch den Rückzug in unser Schneckenhaus baut sich im Laufe der Zeit eine energetische Barriere auf. Es ist wie eine Mauer, die unser Herz umgibt, und dadurch fühlen wir uns vom Lebensfluss und der göttlichen Energie abgeschnitten, abgenabelt und von der Welt und Gott vergessen. Dieses Gefühl entsteht durch das Ego und durch das Gefühl der Trennung, die durch Angst hervorgerufen wird. In diesem Moment, in dem wir so mit uns selbst beschäftigt sind, verlieren wir auch den Kontakt zu den Menschen und sind immer weniger in der Lage, Mitgefühl zu zeigen.

In meiner Tätigkeit als Engelmedium beobachte ich immer wieder die energetischen Auswirkungen davon und sehe die dicken Mauern und den energetischen Schleier rund um die Herzen und die Energiekörper meiner Klienten. Sogar die Geistige Welt hat Mühe und braucht Zeit, um diese Schichten und Barrieren sanft aufzuweichen und den energetischen Panzer, der sich meistens im Bereich des Brustkorbs zeigt zu knacken. Das bedeutet nicht, dass wir uns nicht auch einmal verkriechen dürfen und sollen. Wir brauchen auch eine Auszeit und es darf auch sein, dass wir uns zurückziehen und auch unsere Gefühle zulassen sollen und dürfen. Manchmal brauchen wir diese Zeit der Abgeschiedenheit von der Welt, um uns selbst näherzukommen und uns selbst zu finden. Eine solche Phase kann sogar sehr fruchtbar sein. Es geht nur darum, dass wir nicht dauerhaft in dieser Energie des Rückzugs, des sich Versteckens vor der Welt und in unseren Gefühlen der Traurigkeit und des Leids hängen bleiben. Es geht darum, nach einer gewissen Zeit der inneren Einkehr wieder herauszutreten aus der Isolation und sein Herz immer wieder neu zu öffnen und sich auf Empfang zu schalten. Wenn wir unser Herz öffnen, signalisieren wir der Geistigen Welt, dass wir wieder bereit sind für die Fülle des Lebens, für die Gnade, für die Freude und für die Leichtigkeit. Dann wird auch alles zu uns fließen und wir dürfen uns wieder am Licht und der Liebe Gottes aufrichten und gestärkt weitergehen auf unserem Weg. Die Geistige Welt darf unsere inneren Barrieren nicht ohne unsere Erlaubnis überschreiten. Die Engel sind immer anwesend und bereit, uns mit ihrer Energie zu versorgen, jedoch müssen sie unseren Rückzug akzeptieren und abwarten, bis wir wieder auf Empfang schalten und wieder bereit sind, ihre Unterstützung und Hilfe anzunehmen, da sie unseren Willen nicht missachten dürfen.

Wir dürfen lernen, unser Herz besonders in krisenhaften Zeiten für die Liebe Gottes und für die Liebe von Menschen, die uns begleiten und unterstützen möchten, zu öffnen, denn auch durch Menschen empfangen wir große Unterstützung aus der Geistigen Welt und von Gott selbst. Wenn wir aber unser Herz verschließen, ist das wie eine Zurückweisung und Ablehnung der Energie der Liebe. Unsere Angst und unser Grübeln legt sich wie ein dunkler Schleier über unser Herz und unseren Energiekörper, das schafft eine unnötige Barriere.

Die Geistige Welt und besonders die Engelwesen möchten sehr gerne von uns eingeladen werden, denn dann wissen sie, dass wir bereit sind für das, was sie uns schenken möchten. Die Engel und Lichtwesen wissen, dass wir zur richtigen Zeit wieder bereit dazu sein werden, und sie senden uns natürlich auch Energie, aber sie wissen auch, dass diese Energie nicht in ihrem vollen Ausmaß spürbar bei uns ankommt. Sie wird jedoch im Energiekörper gespeichert und gesammelt, um im richtigen Moment ihre spürbare Wirkung zu entfalten.

Mithilfe der Liebe Gottes können wir uns immer wieder am Licht aufrichten und so immer wieder alle Hürden und Herausforderungen des Lebens überwinden und sogar gestärkt auf unserem Weg weitergehen. Es geht darum, in jedem Augenblick dafür bereit zu sein und möglichst dauerhaft auf Empfang gestellt zu sein, auch in jenen Momenten, in denen wir von Schmerz, vom Leid und vom Leben gebeutelt sind.

So lautet die Botschaft für uns: Öffnet eure Herzen, damit ihr die heilende und beglückende Liebe spüren könnt. Die

Liebe Gottes legt sich wie ein Pflaster über eure Wunden und ist ein Schutz gegen neue Verletzungen.

Jesus sagt uns:

Legt alles, was euch begrenzt, euch einengt und euch in eurer Entwicklung behindert, ab. Macht euch nicht mehr abhängig, von nichts und niemandem, sondern gebt euch selbst den Raum zurück, den Gott euch gegeben hat. Ihr seid vom Ursprung her freie göttliche Wesen und ich helfe euch, eure Freiheit der Kinder Gottes wieder zu erlangen.

Tretet aus, aus der Knechtschaft, die euch von vielen Seiten in der Welt auferlegt wurde. Löst eure inneren Ketten der Angst und der Begrenztheit, indem ihr mir im Herzen nachfolgt.

Ich brauche keine Knechte, ich wünsche mir nichts mehr als, dass ihr euer Licht, eure Schönheit, eure Selbstbestimmung und eure ursprüngliche Kraft wieder zurückbekommt. Ich bin der Weg zu euch selbst. Kommt mit mir in die ewige Freiheit des göttlichen Seins. Beginnt euch mit Liebe zu begegnen und vertraut euch selbst und vertraut euch der Liebe Gottes an, die ihr durch mich spüren und erfahren könnt. Alles gelangt von euch – vom Zentrum eures Herzens – in die Welt.

Wir sind Gottes Ebenbild

Gott hat uns als sein Ebenbild geschaffen. Doch was bedeutet das für uns? Wenn wir nach dem Ebenbild Gottes geschaffen wurden, bedeutet das, dass unser Sein und unser Erbe, ja, sogar unser Geburtsrecht, Liebe, Leichtigkeit, Freude und Glückseligkeit ist und dass wir deshalb gekommen sind, um diese Sein-Aspekte in uns wieder zu aktivieren und in die Welt zu bringen. Wir wurden nach Gottes Ebenbild geschaffen und das bedeutet auch, dass wir alle die Macht, die Kraft, die Energie und die Liebe Gottes in uns tragen und dass wir diese Aspekte in uns zum Ausdruck bringen und anwenden sollen und dürfen. Wir sind Gottes Ebenbild und deshalb dürfen wir über uns groß denken, uns mit unserer Göttlichkeit, durch die sich Gott durch uns ausdrückt, anerkennen und uns so wie Gott mit unserer gottesgleichen Energie in der Welt ausdehnen. Dazu gehört maßgeblich, dass wir uns darüber bewusst werden, in welcher Tätigkeit unsere Berufung liegt und wer und was wir gerne sein möchten. Dabei ist es auch ganz wichtig, unsere Fantasie und unsere Träume wieder aufleben zu lassen und ihnen einen Raum in uns zu geben. Unsere Seele und unser Herz schicken uns Botschaften durch unsere Träume. Dadurch werden uns unsere Visionen und Ziele gezeigt, wodurch sich unser wahres Wesen offenbart.

Gott ist Ausdruck größter, reinster, intensivster bedingungsloser Liebe, Freude, Leichtigkeit und reiner Schöpferenergie. U.a. aus diesem Grund bin ich der festen Überzeugung, dass wir nicht dazu geschaffen und geboren wurden, um etwas zu tun, wodurch uns Schmerz und Leid zufügt wird. Wir sind nicht dazu geschaffen, um bis zur Pensionierung frustriert einer Arbeit nachzugehen, die uns unglücklich macht, unser Potenzial unterdrückt und noch dazu unsere Gesundheit gefährdet. Das ist pure Ego-Energie und hat nichts mit dem göttlichen Sein und dem wahren Leben zu tun, welches Gott für uns vorgesehen hat. Wir haben dieses Denken und diese Glaubensmuster lediglich von unseren Ahnen und unseren Eltern übernommen. Doch für uns geht es jetzt darum, genau das zu hinterfragen und zu beginnen die alten Gedanken und Überzeugungen, die nicht unserer eigenen Energie entsprechen, hinter uns zu lassen und durch unsere eigenen Erfahrungen, Ziele, Überzeugungen und unser Herz zu ersetzen, damit sich diese veralteten engen Strukturen in unseren Systemen transformieren können. Schon in meiner Jugend habe ich beschlossen, dass die Kette der Weitergabe der Muster aus meiner Ahnenlinie bei mir ein Ende hat. Meine Vision und mein Ziel sind es, etwas Neues zu erschaffen. Etwas, das meine Persönlichkeit und mein Herz zum Ausdruck bringt. Das gelingt aber nur, wenn wir diese Kette der Weitergabe durchschneiden und beginnen, unsere eigene Lebensschnur zu knüpfen. Ich möchte meinen eigenen Fußabdruck in dieser Welt hinterlassen und ich wünsche mir, dass ich nur zum Segen, für die Welt diene, für alle Lebewesen und auch für unseren wunderschönen Planeten. Dabei erhalte ich göttliche Unterstützung von meinem spirituellen Team, ganz besonders von Jesus, der mich führt, lenkt und mich schult.

Die Liebe zu uns selbst verbindet uns mit unserer Seele und lässt uns wie ein funkelnder Diamant erstrahlen und unser Licht in die Welt bringen, so wie Jesus es getan hat. Durch die Verbindung mit unserer Seele und die Annahme unserer göttlichen Größe werden wir uns unserer Göttlichkeit bewusst, wodurch wir uns als das Ebenbild Gottes erkennen und erfahren.

Durch die gelebte und spürbare Liebe zu uns selbst stellen wir ebenfalls das Ebenbild Gottes dar. So tragen wir Gottes Sein und seine Gegenwart in die Welt.

Unsere nicht gelebte Göttlichkeit und die fehlende Anerkennung ist Ausdruck von mangelnder bzw. fehlender Selbstliebe. In dem Moment, in dem wir Gott in uns anerkennen und ihm unsere Liebe schenken, erkennen wir uns selbst an. In dem Augenblick, in dem wir uns selbst Liebe schenken und uns anerkennen, anerkennen wir Gott in uns.

Ich kann verstehen, wenn du jetzt denkst: „Ich bin doch nicht Gott. Das ist doch überheblich." Genau diese Gedanken und Glaubenssätze wurden lange Zeit von vielen Seiten in uns genährt. Genau durch jene Gedanken und Glaubenssätze wurden und werden wir immer noch in unserer Kleinheit gehalten. So wurde unsere Angst vor uns selbst aufrechterhalten. Doch ich versichere dir, dass diese Gedanken und Glaubenssätze im Angesicht der Liebe Gottes keine Gültigkeit haben. Diese Überzeugungen stammen nicht von Gott, sondern wurden von Menschen kreiert und erfunden, die ihre göttliche Größe noch nicht erkannt und anerkannt haben. Sie wurden von Menschen geschaffen, um Macht über uns ausüben zu können, damit wir klein gehalten werden und nicht zum erleuchteten Bewusstsein gelangen und nicht unsere göttliche Macht entfalten und leben können sowie uns nicht als Ebenbild Gottes erkennen können. Gott aber möchte uns strahlen sehen. Gott möchte sich in seiner vollen Größe in uns selbst erfahren und sich durch und in uns ausdrücken. Gott braucht uns, um durch unseren Körper und unser göttliches Bewusstsein in der Welt wirken und handeln zu können. Gott handelt und wirkt durch uns. Ja, das ist so und das war immer so und wird immer so sein. Gott braucht uns als sein Heiliges Werkzeug, um der Welt zu dienen, um ihr seine

Liebe offenbaren zu können. Um mit unserem Körper und unserem Bewusstsein als Gottes Werkzeug dienen zu können, braucht es aber eine große Portion Selbstliebe und Selbstwertschätzung, damit unsere Schwingung eine gewisse Frequenz erreichen kann, mit der Gott uns als sein heiliges Werkzeug nutzen kann.

Wir alle tragen die göttliche DNA in uns, d.h. die Identität unseres Schöpfers. Wir sind ein Abbild seines Seins sowie seiner Macht. Gott hat sich durch und in uns ausgestreut und sich so in die Welt gesandt. Unsere Seele ist ein Aspekt Gottes und wenn wir uns wieder an unsere Göttlichkeit erinnern, bringen wir den göttlichen Anteil in uns wieder zu Gott zurück. Somit vereinen sich schließlich wieder alle Aspekte mit der göttlichen Quelle, die sich mit der Inkarnation unserer Seelen verstreut haben.

Die Kraft der Freude und Leichtigkeit

Freude und Leichtigkeit sind die Vorstufe von Glückseligkeit. Glückseligkeit ist die niedrigste Frequenz der Neuen Zeit. Wir dürfen also gespannt sein, wo uns die Energien der Neuen Zeit noch hintragen werden.

Mit der Freude und Leichtigkeit gelangen wir wieder in die Energie unserer Kindheit. Dadurch erkennen wir auch unser inneres Kind an und kommen ihm wieder näher. Die Freude und die Leichtigkeit fördern unsere Kreativität und unsere Fantasie. Fantasie ist die Eintrittskarte in die Geistige Welt. Die Fantasie ist der Stoff und die Nahrung unserer Träume und sie hat die Kraft, sie zu verwirklichen, wenn wir daran glauben und unsere Vorstellungskraft schulen. Durch die Freude und Leichtigkeit erhöht sich unsere Frequenz und wir erhalten noch mehr Unterstützung aus der Geistigen Welt zur Verwirklichung unsere Ziele, Wünsche und Träume, da unsere erhöhte Schwingung und unser weit geöffnetes Herz die Tore zum Himmel noch weiter öffnen. Außerdem können wir unsere innere Stimme, die Stimme Gottes, in uns besser wahrnehmen. Auch und vor allem unser felsenfester Glaube, daran, dass sich alles für uns zum Positiven entwickelt und wir von Gott und den Engel geführt sind, trägt sehr viel dazu bei, um alles erreichen, was wir uns wünschen und zu unserem Besten dient.

Kinder sind die besten Lehrmeister in Sachen Freude und Leichtigkeit. Sie wissen noch nichts von der Hektik, dem Ernst, dem Druck, dem Dilemma und dem Drama der Welt. Für sie ist ihre Welt in Ordnung, bunt und schön. Kinder leben in ihrer heilen Welt und das ist auch gut so. Sie leben einfach und spielen im Hier und Jetzt und zeigen uns, wie leicht und unbeschwert das Leben sein kann, wenn wir uns darauf einlassen.

Kinder schenken uns die Chance, unser Leben neu zu überdenken und neu zu ordnen. Sie lenken unseren Blick auf das Spielerische im Leben und bringen auch unser kindliches Sein wieder zum Vorschein.

Leichtigkeit und Freude ist eine Energie der Fülle, die wir ausstrahlen. Es ist ein Zeichen und ein Signal für die Geistige Welt, durch das sie wissen und sehen, dass wir ihnen unser bedingungsloses Vertrauen schenken. So ziehen wir noch mehr Fülle und Wohlstand in unser Leben. Damit werden wir auch ein Ausdruck der Freude und Leichtigkeit für unsere Mitmenschen und erhöhen dadurch auch ihre Schwingung und somit auch die Frequenz in unserem Umfeld. Die Kraft der Freude und Leichtigkeit wird so multipliziert, kann immer größere Kreise ziehen und wird noch stärker in der Welt spürbar. Wir sind als Menschheit untrennbar miteinander verbunden und stehen in ständigem energetischem Austausch, meistens ohne es bewusst wahrzunehmen. Doch das ist der Grund, warum wir uns in Gegenwart von Menschen wohl oder unwohl fühlen, weil wir unbewusst mit ihrer Energie in Resonanz gehen und ihre Energie aufnehmen, wenn wir uns eben nicht von ihnen abgrenzen. So werden wir vom Lachen eines anderen angesteckt und auch von den Tränen berührt.

Alles, was wir in uns transformieren, verwandeln wir auch für andere, denn wir stehen nicht für uns allein, sondern jeder Einzelne ist Teil eines größeren Ganzen. Alle Lebewesen auf Erden sind durch die Liebe Gottes und die Seins-Energie miteinander verbunden, auch wenn das viele noch nicht wahrnehmen können. In der neuen Zeitfrequenz wird das energetische Zusammenstehen eine wichtige Rolle spielen.

Wir tun das, was wir tun, nicht nur mehr für uns selbst, sondern für alle, weil wir Lichtarbeiter und alle Seelen, die sich für den Aufstieg entschieden haben, das gegenseitige Wachstum unterstützen, da wir erkannt haben, dass wir in der Gemeinschaft viel schneller ans Ziel gelangen als als Einzelkämpfer. Wir können nur gemeinsam als Menschheit voranschreiten und werden so den Aufstieg beschleunigen. Wir, die sich bereits im Aufstieg befinden, warten auf jene, die sich noch in der Phase des Erwachens befinden, und auf jene, die uns so nachfolgen. Wir haben gemeinsam den Abstieg vollzogen, also werden und müssen wir auch gemeinsam wieder aufsteigen und auch gemeinsam alle Prozesse und Mutter Erde wieder in die Einheit und die Liebe Gottes zurückführen. Das haben wir uns so vorgenommen und das verlangt die göttliche Ordnung.

Jesus hat dies im Gleichnis „Was ihr einem meiner Brüder, tut, das habt ihr mir getan“ verdeutlicht.

Mediation – Körperreise

Kennst du das? Du stehst morgens vor dem Spiegel und beginnst gleich damit, deinen Körper und Körperbereiche zu kritisieren. Damit setzt du dich und deinen Körper massiv herab und verlierst deine Kraft, deine Freude, dein Selbstvertrauen und dein Potenzial, weil du auf Mangel ausgerichtet bist und damit dich und deinen Körper schwächst.

Unser Körper ist das Haus und der Tempel unserer Seele und ein Wunderwerk der Schöpfung. Doch meistens sind wir uns gar nicht bewusst, was unserer Körper jeden Augenblick für uns vollbringt, und schenken ihm und somit uns selbst viel zu wenig Aufmerksamkeit, Wertschätzung und Achtung, was sich sehr oft in Form von mangelnder Selbstliebe und durch körperliche Beschwerden bemerkbar macht.

Das meiste erschaffen wir mit unserem Körper. Wir brauchen unseren Körper und die gute und liebevolle Verbindung und Beziehung zu ihm, um hier auf Erden unseren Weg als Mensch glücklich und erfolgreich gehen zu können. Der Körper ist ein göttliches Werkzeug und Gottes Geschenk an uns. Gerade in der jetzigen Zeit der Umwandung und Umstrukturierung auf allen Ebenen sind eine gute Verbindung und ein liebevoller achtsamer Umgang mit unserem Körper enorm wichtig, um gut geerdet und mit Leichtigkeit und Freude unser Leben führen zu können.

Diese Mediation soll deine Beziehung zu deinem Körper stärken. Wenn du dich mit geöffnetem Herzen darauf einlässt, wirst du deinen Körper neu kennen und auch lieben lernen und so in das Gefühl der Dankbarkeit geführt.

Ziehe dich dazu an einen ruhigen Ort zurück. Schließe deine Augen und richte deine Aufmerksamkeit nach innen.

Atme drei Mal durch die Nase ein und den Mund aus.

Richte deine Aufmerksamkeit nun an eine Stelle, ein Körperteil oder einen Bereich, mit dem du unzufrieden bist und dem du sonst nur wenig oder keine Aufmerksamkeit und Beachtung schenkst oder den du ablehnst oder mit negativen Gedanken und Worten nährst. Fühle jetzt ganz bewusst in diesen Bereich hinein und lasse dabei alle Gefühle und auch Tränen zu, wenn sie fließen möchten. Bleibe mit deiner Aufmerksamkeit dort. Hat dieser Körperteil vielleicht eine Botschaft für dich? Möchtest du ihm etwas sagen? Höre genau hin und lass dich führen.

Stelle dir vor, wie Erzengel Zadkiel seinen violetten Strahl in diesen Bereich fließen lässt und die Energie sich verwandelt. Du darfst jetzt alle Emotionen an Erzengel Zadkiel übergeben. Er nimmt alles mit und löst alles auf, das dich daran hindert, dieses Körperteil und somit dich selbst in Liebe und Dankbarkeit anzunehmen. Du kannst fühlen, wie sich deine Ablehnung und alle deine bisherigen Emotionen in diesem Licht auflösen und jetzt ab diesem Moment keine Macht mehr über dich und deinen Körper haben. Dein Körper ist das Haus deiner Seele und er vollbringt jeden Augenblick Wunder für dich. Nur mit deinem Körper ist es möglich, deine Inkarnation als Mensch hier auf diesem wunderschönen Planeten zu leben.

Du kannst Erzengel Michael noch zusätzlich bitten, alles Schwere und alle destruktiven Gedanken und Glaubensmuster, die du über dich und deinen Körper in dir trägst, mit seinem Lichtschwert von dir abzutrennen. Du spürst, wie dein gesamter Körper und besonders dieser Bereich mit goldenem Licht durchströmt wird und die Frequenz deines Körpers angehoben wird. Diese Glaubenssätze und negativen Gedanken werden nun von Erzengel Michael entfernt und aufgelöst und können nun nie mehr zurückkommen.

Nun nimmst du wahr, wie dieses Körperteil in helles rosarotes Licht eingehüllt wird und sich über deinen gesamten Körper ausdehnt. Du lässt dich voll Vertrauen in dieses Licht fallen und fühlst dich getragen geborgen, beschützt und geliebt.

Gehe nun mit deiner Aufmerksamkeit wieder zu diesem Bereich. Was siehst du? Was spürst du? Kannst du diesem Bereich nun sagen: Ich nehme dich an, so wie du bist? Ich liebe dich, mein lieber Körper, auch mit diesem Körperteil. Nun kannst du spüren, wie sehr sich dein Körper über diese Worte freut und sich deine Beziehung zu deinem Körper verändert und sich alle bisherigen Emotionen und Ablehnung in Dankbarkeit gewandelt hat.

Bedanke dich nun bei deinem Körper für alles, was er für dich vollbringt. Vielleicht kannst du dich sogar selbst umarmen oder dich vor dir und deinem Körper verneigen. Mache das so, wie es für dich angenehm und stimmig ist.

Bedanke dich nun bei Erzengel Zadkiel, bei Erzengel Michael und bei dir selbst. Atme wieder dreimal durch die Nase ein und den Mund aus und komme in deinem Tempo wieder ins Hier und Jetzt zurück und öffne deine Augen.

Energetischer Schutz

Gerade in Zeiten wie diesen ist es besonders für uns inkarnierte Erdenengel und inkarnierte Sternenwesen wichtig, unsere eigene Energie vor Fremdenergien zu schützen, um unsere Frequenz konstant hochhalten zu können.

Es gibt Menschen die unbewusst die Energie anderer anzapfen, das ist besonders bei uns Lichtarbeitern der Fall, da wir mit unserem Licht sehr anziehend auf diese Menschen wirken und sie bei uns Kraft und Energie suchen, da sie selbst kaum über Möglichkeiten verfügen, ihre Energie aufzuladen und sich nicht in ihrer Kraft befinden. Menschen erzählen uns ihre Lebensgeschichten, vertrauen sich uns an und schütten gerne ihr Herz bei uns aus, weil wir eine Vertrauenswürdigkeit und positive Energie ausstrahlen, die Menschen suchen und brauchen. Sie fühlen bei uns gut aufgehoben, sicher und geborgen. Gerade deshalb brauchen wir gute Strategin, um bei uns und in unserer Mitte zu bleiben und um immer wieder Kraft tanken zu können. Hier müssen wir beharrlich auf unsere Grenzen achten, sodass sie nicht überschritten werden und unser Energiesystem nicht kippt. Im Laufe der Jahre habe ich eine sehr gute Strategie entwickelt, die mir dabei hilft, das Leid bei dem Betreffenden zu lassen und meine Grenzen zu wahren.

Z.B. habe ich mein Handy zu Hause grundsätzlich auf lautlos gestellt, um nicht immer erreichbar zu sein. Ich rufe dann zurück, wenn es für mich stimmig ist und ich mich dabei wohlfühle. In meinem Beruf stelle ich mich regelmäßig vor dem Kontakt mit Menschen in eine blaue Lichtkugel und achte dabei auf meine Atmung. Bevor ich ein Bewohnerzimmer betrete, bitte ich Erzengel Michael darum, mich in sein blaues schützendes Licht einzuhüllen.

Es gibt Menschen, die eine sehr klare und deutliche Grenze und ein deutliches Stoppsignal benötigen, weil sie gar nicht merken, dass sie permanent die Grenzen anderer überschreiten.

Auch hier sind wir gefordert und aufgerufen, unsere Selbstverantwortung zu übernehmen und für uns selbst einzustehen und gut für unser Wohl zu sorgen. Dienen und Liebe zu schenken, bedeutet, nicht alles mit sich machen zu lassen und mit allem einverstanden zu sein und jedes Verhalten von Menschen aushalten zu müssen. Hier dürfen wir jemanden liebevoll, aber bestimmt und klar in seine Schranken weisen, das ist sogar sehr wichtig, um in unserer Tätigkeit erfolgreich sein und bestehen zu können. Manchmal bedeutet das auch, Menschen abzuweisen und sich vor ihnen zu schützen, und auch das ist eine Form der Selbstliebe und Selbstachtung.

Möglichkeiten zum Aufbau des Energetischen Schutzes:

- Duschen: Lasse hierbei den Wasserstrahl einige Minuten über den Nacken laufen. Der Nacken ist unser Energie-Akku, mit dem wir uns wieder aufladen können. Wasche dabei, wenn möglich, auch deine Haare. Ich mache bei mir selbst immer wieder die Erfahrung, dass sich Fremdenergien in meinen Haaren verfangen. Stelle dir einen blauen oder grünen Wasserstrahl vor, der auch deinen Lichtkörper reinigt, sodass alle Energien, die nicht zu dir gehören, entfernt werden.
- Schutzmantel von Erzengel Michael (Engel für Schutz. Er ist der Anführer der Erzengel): Bitte Erzengel Michael, dich in einen dunkelblauen Lichtmantel einzuhüllen oder in eine blaue Lichtblase, in der du geborgen und sicher bist. Visualisiere es dabei. Bitte Erzengel Michael, er möge alles, was nicht zu dir gehört, mit seinem

Lichtschwert von deinem Energiekörper abtrennen. Gehe in dich und spüre jene Bereiche in deinem Körper auf, an denen sich Fremdenergien befinden, und bitte Erzengel Michael, diese Stellen mit seinem Lichtschwert reinzuwaschen.

- Regelmäßiges Räuchern deiner Wohnung. Räuchern ist eine gute Möglichkeit, um destruktive Energien aus deinem Heim zu entfernen oder fernzuhalten, um damit die Schwingung in deinem Heim hochzuhalten. Am besten eignet sich dazu Salbei. Räuchere vor allem die Ecken gut aus, denn dort sammeln sich Fremdenergien sehr gerne an, und auch die Eingangstüre, den Türstock und die Fenster. Ich arbeite sehr gerne mit Teelichtern, die ich vor allem bei der Wohnungstüre platziere und überall dort, wo ich schlechte Energie wahrnehme. Dabei arbeite ich mit Erzengel Michael zusammen und mit anderen Erzengeln, je nachdem, was zu tun ist. Ich erinnere mich an eine Hausräucherung bei einer Klientin: In einer Ecke im Schlafzimmer zeigte sich plötzlich Erzengel Zadkiel mit seiner violetten Flamme, diese steht für Transformation und Umwandlung von Schattenenergien ins Licht. Ich konnte auch eine Seele in diesem Bereich wahrnehmen. Ich fragte meine Klientin, was hier passiert sei. Sie erzählte mir, dass hier der vorige Bewohner verstorben ist. Seine Seele war noch in der Zwischenebene gefangen und konnte noch nicht gehen, da er seinen Tod noch nicht akzeptieren konnte. Meine Klientin erzählte mir, dass sie oft nicht schlafen konnte oder wenn, nur schlecht schläft. Es ist wichtig, vorher und nachher gut durchzulüften, damit die Energien abziehen können. Auch in Neubauten können sich bereits negative Energien befinden, die bei der Entstehung des

Hauses durch Streit und negative Worte gespeichert wurden. Diese Erfahrung hat eine Familie gemacht, die in ihr neu gebautes Haus eingezogen ist. Die Kinder konnten nicht einschlafen und auch die Eltern waren oft gereizt und keiner von ihnen wusste den Grund. Hausmauern nehmen alle Energien sofort auf, wie ein Schwamm. Das Sprichwort „wenn Wände sprechen könnten“ kommt nicht von ungefähr.

- Tägliche Erdung: entweder in der Natur, durch Barfuß Gehen, über die bewusste Atmung, durch das Umarmen eines Baumes (Dabei solltest du den Baum mit deinem Wurzelchakra berühren) oder die folgende Zentrierungsübung (Aus meinem Buch „Manifestation der Liebe – Die Vollendung unserer göttlichen Mission“):
  Stelle dich mit hüftbreitem Stand aufrecht hin. Schließe deine Augen. Beim Einatmen führst du deine Arme über den Kopf zusammen. Halte kurz die Luft an. Beim Ausatmen führst du die Arme bis zum Becken hinunter. Dabei kannst du dir auch vorstellen, wie deine Beine und Füße zu dicken Wurzeln werden, die sich tief durch alle Erdschichten im Boden verankern. Diese Übung kannst du sehr gut in deinen Alltag einbauen. Sie dient auch dazu, dich wieder in deine Mitte zu bringen, wenn du aufgeregt oder emotional aufgeladen bist.

Kraftquellen

Eigene Kraftquellen sind gerade in Zeiten, in denen wir vom Leben vor große Herausforderungen und Aufgaben gestellt werden, enorm wichtig für unsere seelische und körperliche Gesundheit. Wir alle brauchen etwas, das uns wieder in die Freude bringt, das uns Nahrung gibt und uns wieder mit uns selbst verbindet. Ein Auto würde ohne Benzin nicht mehr weiterfahren. Wir können zwar eine Zeit lang ohne Energiereserven weitermachen, jedoch bleibt das nicht ohne Folgen, bis wir schließlich nicht mehr können und zusammenbrechen.

Unsere Kraftquellen lassen uns wieder aufblühen und schenken uns Zuversicht, Stärke und Motivation für unsere Aufgaben im Alltag.

In dieser Zeit des Wandels, in der sehr viel Unsicherheit und Chaos herrscht, ist es wichtiger als jemals zuvor, uns regelmäßig in unsere goldene Mitte des Herzens zu begeben, wo wir Halt, Geborgenheit, Schutz und Ruhe finden und Kraft tanken können. Die stärkste Kraftquelle verbirgt sich in uns selbst, an jenem Ort in uns, an dem wir so sein dürfen, wie wir sind. Hier können wir uns fallen lassen, uns niederlassen und ausruhen.

In der Mitte unseres Herzens angekommen, kann uns kein Sturm des Lebens entwurzeln, weil wir tief verankert und verwurzelt sind mit uns selbst. Wenn wir durch die tiefe Verwurzelung mit uns selbst in unsere Energie schwingen, bekommen wir alle Kraft, um selbst die schwierigsten Herausforderungen zu meistern. Dieses Phänomen darf ich bei mir selbst beobachten. Situationen, an den ich früher gescheitert wäre bzw. bin und die in mir ein Gefühl von Überforderungen ausgelöst haben, stehe ich jetzt ganz anders gegenüber.

Durch die Verbindung zu mir selbst gehe ich selbstsicherer und gelassener an diese Situationen heran, dadurch lösen sie auch keine Ängste mehr in mir aus. Durch meine Visionen und Ziele, die ich seit der Erkenntnis meiner Berufung beharrlich verfolge, geraten jene unwesentlichen Dinge, denen ich vorher zu viel Bedeutung und Aufmerksamkeit geschenkt habe, völlig in den Hintergrund, weil das Wesentliche nun in den Vordergrund gerückt wird.

Wie du deine Kraftquelle entdecken kannst

Achte einmal, wenn du etwas tust, ganz genau darauf, welches Gefühl in dir hochkommt und was dadurch in dir ausgelöst wird. Frage dich bei dem, was du gerade tust: Macht mich das glücklich? Spüre ich Freude? Gehe in dich und spüre in dich hinein. Alles, bei dem du Freude und Leichtigkeit spürst, steht im Einklang mit deiner Seele und bringt dich somit in deine Kraft und deine Mitte. Folge dabei beharrlich deinem Herzen und lass dich von deiner Seele führen. Es ist eigentlich ganz einfach und trotzdem fällt es uns schwer, das zu tun, was genau diese Gefühle in uns auslöst. Unser Herz ist unsere eigentliche Kraftquelle, über die wir mit allem versorgt werden, was wir brauchen, um glücklich und ausgeglichen durchs Leben gehen zu können. Wenn du deinem Herzen wieder den Raum und die Anerkennung gestattest wie in deiner Kindheit, wirst du die Kraft deines Herzens wieder spüren und all die Wunder, die Gott dadurch vollbringt, erfahren.

Lausche so oft es dir möglich ist in dein Herz, sei es bei einem Spaziergang, im Wald, einem Entspannungsbad oder während einer Meditation. Höre den Vögeln zu, dem Pfeifen des Windes, dem Rauschen des Wassers, betrachte die wunderschöne Schöpfung ganz genau und nimm den Duft der Blumen, der Wiese, des Schnees wahr und atme dabei ganz bewusst durch die Nase ein und den Mund aus. Die Natur vermag uns so viel Energie und Kraft zu geben, wenn wir bereit sind, uns für sie zu öffnen und sie zu empfangen.

Alle diese Möglichkeiten helfen uns, mit uns selbst in Beziehung zu treten und schaffen Raum für die Kontaktaufnahme zu uns selbst. Dadurch erhalten wir Kraft und unser Energietank wird wieder aufgeladen. Hier geht es darum, diesen Raum zuzulassen und bereit zu sein deinen eigenen inneren Raum zu betreten.

Fortsetzung meiner Vision von meinem Leben in der Neuen Zeit

(Aus meinem Buch: Manifestation der Liebe – Die Vollendung unserer göttlichen Mission)

Eines Abends während einer Übung aus der Aura-Chirurgie tauchte plötzlich ein Bild in mir auf:

Ich habe ein spirituelles Zentrum gegründet und sitze gemeinsam mit vielen Menschen in meiner Hütte auf dem Boden im Kreis. Wir brechen Brot als Zeichen der Verbundenheit. Der Geist Jesu ist mitten unter uns und führt und lehrt uns die Liebe Gottes. Wir danken dir, Jesus, und singen voller Freude. Wir erkennen deine Macht und deine Gegenwart in uns an und dienen damit der Welt und allen Lebewesen. In dieser geistig-spirituellen Verbundenheit danken wir Gott und loben und preisen ihn und seine Liebe. Halleluja, Shalom.

Das ist mein Lebenstraum, der sich in mir immer öfter zeigt und sich mit seiner Energie ausdehnt. Ich fühle mich dort angekommen und glückselig. Immer wieder kommt in mir die Sehnsucht auf, so wie damals vor 2000 Jahren mit Jesus zu leben, völlig frei und ungezwungen und fernab von den vielen Systemen der modernen Lebensweise. Es ist wie ein Gefühl von Heimweh, ja genau so würde ich es beschreiben. Heimweh nach einer längst vergangenen Zeit, die in mir nie aufgehört hat zu existieren und die in mir immer wieder auflebt und für die mein Herz noch immer in Liebe und mit Begeisterung brennt. Natürlich hat die moderne Lebensweise seine Annehmlichkeiten und Vorzüge und ich bin auch dankbar dafür, dies entspricht jedoch nicht der Lebensweise, die in meiner Seele und meinem Herzen lebt. Das Feuer der

Liebe Gottes lodert in meinem Herzen. Sie ist mein Weg und alles, was ICH BIN und wofür ich lebe.

In der Vergangenheit habe ich immer wieder Bilder von meiner Inkarnation mit Jesus erhalten. Ich sehe mich als Jünger Johannes in einem braunen Stoffkleid bzw. einem Umhang aus Leinen oder Baumwolle am Wasser. Ich stehe am Ufer und lasse meinen Blick in die Ferne schweifen. Dabei höre ich die Laute von Möwen im Hintergrund.

Interessanterweise habe ich in meinem jetzigen Leben keine Beziehung zum Wasser aufgebaut und auch das Meer habe ich nur kurz auf der Reise nach Medjugorje vom Bus ausgesehen.

Zum ersten Mal in meinem Leben habe ich das Gefühl, etwas erreichen zu wollen und dass ich richtig Lust dazu habe. Das liegt zum einen an meiner besseren Erdung, wodurch ich erstmals mit beiden Beinen im Leben stehe und zum anderen daran, dass ich mich nun völlig in meiner geistigen und spirituellen Mitte befinde und bei meinem Seelen- und Wesenskern angekommen bin und so meine Berufung gefunden habe.

Die gesamte Version kannst du in meinem Buch: Manifestation der Liebe – Die Vollendung unserer göttlichen Mission nachlesen.

Auch die Achtung unseres Herzens und unsrer Seele durch Ernstnehmen unserer Visionen und Träume hat etwas mit Selbstliebe zu tun. Wenn wir unsere Träume ständig unterdrücken, verleugnen wir uns selbst und verletzen damit unser Herz und unsere Seele, indem wir unsere Seelenenergie und die damit verbunden Potenziale und Ziele unserer Seele unterdrücken. Dadurch fügen wir uns einen großen Schmerz zu, weil wir in diesem Moment nicht das leben, wozu wir gekommen sind und nicht das ausstrahlen, was wir als Seele sind.

Wir alle tragen unseren Lebenstraum als Vision in unserem Herzen. Leider wird unser Traum durch Glaubenssätze wie z.B. „Das bilde ich mir nur ein. Das geht doch nicht. Das ist doch Unsinn“ in seiner Energie und seiner Schöpfermacht unterdrückt und massiv geschwächt. So verlieren wir immer mehr den Glauben daran und sie geraten durch Verdrängung sogar in Vergessenheit.

Doch unser Herz schickt uns immer wieder Bilder unserer Vision, diese sind sehr stark und haben die Macht, sie zu verwirklichen, wenn wir daran glauben und unserem Herzen folgen wie z.B. der Heilige Franziskus. Sein Beispiel zeigt uns, wie es durch den festen Glauben trotz aller äußeren Widrigkeiten gelingen kann, seine Herzensenergie zu aktivieren, sodass unsere Vision zu unserer Realität wird.

In unseren Träumen lichtet sich für einen Moment die Illusion, die durch unser Ego aufrechterhalten wird, und die Wirklichkeit des Seins offenbart sich uns. Wenn sich unser Traum in der greifbaren Materie verwirklicht, wird jener Moment zur Ewigkeit.

Wenn du für etwas brennst, du immer wieder davon träumst (auch in Tagträumen) und immer wieder Bilder erhältst, dann wird es Zeit, hinzusehen und die notwendigen Schritte zu deinem Ziel zu machen, denn die Verwirklichung unsere Träume und Visionen gehört zu unserem Seelenplan. Wenn wir diese Bilder und Gefühle unseres Herzens nicht ernst nehmen, werden wir ängstlich, unglücklich und unsicher. Wir werden so lange damit konfrontiert, bis wir gar nicht mehr anders können, als uns unseren Träumen und Visionen, die unserer Seele entspringen, mit Hingabe zuzuwenden. Die Verwirklichung unserer Träume ist das größte

Glück unserer Seele und unsere Berufung. Berufung bedeutet, dass wir zu etwas gerufen werden. Es ist sozusagen der Ruf unserer Seele. Dies ist uns in diesem Stadium jedoch noch nicht bewusst. Auch die existenzielle Bedeutung der Umsetzung unserer Vision bzw. Mission ist uns in dieser Phase noch nicht klar. Wie spüren zwar einen Wunsch, etwas tun zu wollen, aber nicht die Notwendigkeit der Umsetzung. Erst wenn wir bereit sind, uns für unsere Träume zu öffnen und sie zu verwirklichen, wird der Wunsch und die Energie für die Umsetzung in uns so stark, dass wir erkennen, dass wir deshalb gekommen sind. In diesem Augenblick erhalten wir alle Unterstützung von der Geistigen Welt – in Form von Menschen, die uns bei der Realisierung, Planung und Umsetzung helfen.

Nicht alle erfreulichen Ereignisse, die sich in unserem Leben verwirklichen, haben wir bewusst manifestiert. Manchmal geschieht etwas in unserem Leben, womit wir nicht im Traum gerechnet hätten. Dabei handelt es sich um Ereignisse, die in unserem Seelenplan verankert sind. Dabei werden wir sehr oft von der geistigen Welt geführt, ohne uns dessen bewusst zu sein, damit wir alle Schritte tun, die zur Umsetzung notwendig sind, ohne dass wir uns dieses Ziel bewusst gesetzt haben.

Wenn wir unsere Berufung leben, verschmelzen wir mit unserem Seelenkern bzw. unserem Seelenstern und nehmen unseren Platz in der Welt ein, der uns von Gott zugedacht wurde und den wir uns vorgenommen haben, mit Freude und Engagement einzunehmen. Schritt für Schritt werden wir von der geistigen Welt geschult, diesen uns zugedachten Platz energetisch auszufüllen. Dazu müssen wir uns mit unserem Lichtkörper immer weiter ausdehnen in unser Umfeld und in die Welt hinein. Durch die Ausdehnung unseres

Lichtkörpers vergrößert sich unser energetischer Radius und unsere energetischen Fußspuren, die wir dabei hinterlassen, ziehen immer größere Kreise, um möglichst die ganze Erde erreichen zu können, falls du dir das für deine Inkarnation vorgenommen hast. Es gibt Menschen die im Mikrokosmos, d.h. im kleineren Feld, wirken, und dann gibt es jene, die sich vorgenommen haben, dem Makrokosmos, also dem großen Kosmos, zu dienen und hier mit ihrer Präsenz zu wirken. Unsere Berufung offenbart und beinhaltet unseren Seelenauftrag, mit dem wir gekommen sind und den wir auf Erden erfüllen möchten. So gelangen wir zum Kern unseres Daseins. Wenn wir das tun, wozu wir uns berufen fühlen, werden wir zum Segen für die Welt und für uns selbst. Seine Berufung zu erkennen, sie zuzulassen und sie zu leben, ist ein großer Akt von Selbstliebe. Seine Berufung zu leben, bedeutet, im Flow zu sein, d.h. Raum und Zeit zu vergessen und Arbeit nicht als Arbeit zu empfinden. In diesem Zustand gelingt uns alles, was wir uns vornehmen, ganz leicht, weil wir von unserer inneren Quelle genährt und inspiriert werden.

Hilfreiche Fragen zum Thema Berufung

- Was bereitet mir Freude?
- Wofür brennt mein Herz?
- Was ist mein Traum, den ich gerne verwirklichen möchte?
- Was bringt mich in die Leichtigkeit meiner Kindheit?
- Wozu fühle ich mich berufen?
- Was ist mein Auftrag?
- Was sind meine Überzeugungen?
- Was gibt mir Kraft?
- Gibt es ein Hobby aus meiner Kindheit/Jugend, das ich gerne wieder aufgreifen möchte? (Aktivierung des

inneren Kindes. So ist eine rasche Verbindung mit dem inneren Kind möglich.)

- Stimmt meine Arbeit, die ich ausübe, mit meinen Überzeugungen überein?
- Warum mache ich diese Arbeit?
- Was kann ich besonders gut? Welche Tätigkeit fällt mir besonders leicht?
- Bei welcher Tätigkeit blühe ich auf?
- Bei welcher Tätigkeit komme ich in den Flow-Zustand, der mich Raum und Zeit vergessen lässt?

  Schreibe dir alles auf, was dir in den Sinn kommt, und lege deinen Fokus auf deine Visionen und deine Träume und auf das, was dir Freude bereitet, dich aufbaut und dir Kraft gibt, denn hier bist du ganz bei dir und deinem Seelenplan.
- Bitte Jesus und die Geistige Welt, dir deine Vision zu zeigen. Begib dich dazu in die Stille, schließe deine Augen und atme ein paar Mal tief ein und aus.
- Deine Absichtserklärung setzen:

  Gehe in die vollkommen reine Absicht und sage:

  Liebe Geistige Welt, ich bin nun bereit, meinen Platz auf Erden einzunehmen und mein göttliches Sein, meine spirituelle Kraft und meine Seelenessenz zum Ausdruck zu bringen.
- Offenbart mir mein wahres Wesen. Verbinde mich mit meiner Seelenessenz
- Zeigt mir, worin meine Berufung besteht
- Offenbart mir meine schönste göttliche Vision
- Aktiviert meinen Seelenstern und mein göttliches Potenzial
- Zeigt mir die Schritte, die ich machen darf, um meine Vision verwirklichen zu können

- Unterstützt mich in bei Umsetzung meiner Ziele und meiner Vision
- Schickt mir Gleichgesinnte und Menschen, die an mich glauben, mich fördern und mich auf meinem Weg begleiten

Wichtig dabei ist, dass du darauf vertraust, was du gezeigt und gesagt bekommst, und auf das, was du fühlst und woran du nicht zweifelst. Zweifel blockieren deine Seelen-, Herzens- und Schöpferenergie und befördern dich in deinen Verstand.

Unser wahres göttliches Wesen ist unserer Seelenkern, unsere göttliche Essenz. Unser wahres göttliches Wesen offenbart uns unseren innigsten inneren Raum, unser Sein, unsere Göttlichkeit. Unsere Seele drückt sich durch unser göttliches Wesen aus und beide gehen Hand in Hand durch unser eigenes Seelenland. Wir leben und offenbaren unser wahres Wesen ca. bis zum siebten Lebensjahr – bis zum Eintritt in die Grundschule. Das ist der Zeitpunkt, an dem es mehr und mehr vom Verstand abgelöst und zurückgedrängt wird, sofern ihm keine Aufmerksamkeit mehr geschenkt und unsere Verbindung an die geistige Welt nicht trainiert und geschult wird.

Ein alter Glaubenssatz mit Langzeitwirkung

„Jetzt beginnt der Ernst des Lebens“, diesen Satz habe ich als Kind und Jugendliche oft in meiner Familie gehört. Jedes Mal hat mir dieser Gedanke Unwohlsein bereitet. Ich habe mir gedacht: „Ich möchte diesen Glaubenssatz nicht annehmen und nicht an mich heranlassen, weil ich an etwas anders glaube. Durch diese Aussage werden in unseren Kindern schon sehr bald die Kraft und die Energie der Leichtigkeit, der Freude und des Träumens blockiert und sogar abgenabelt. Dadurch, dass ich von diesem Gedanken nie überzeugt war, habe ich das Träumen Gott sei Dank nie aufgehört, sondern einfach nur nicht mehr darüber gesprochen, was auch sehr schade ist. So ergeht es allen Kindern, zu denen dies oder Ähnliches gesagt wird. Sie ziehen sich zurück, in ihre eigene Welt, dorthin, wo sie so sein dürfen, wie sie sind, und an den Ort, an dem sie ihre Träume ausleben und aussprechen können. So verlieren sie jedoch oft das Vertrauen ins Leben, weil so die Angst vor der Welt in unseren Kindern angefeuert wird.

Kinder müssen und sollen sich jedoch mitteilen und sich mit ihren kunterbunten Träumen ausdrücken dürfen, das ist wichtig für ihre Entwicklung, für den positiven Bezug zur Welt, damit sie ihre Lebendigkeit, Leichtigkeit, Freude und Natürlichkeit behalten und sich nicht als etwas Falsches ansehen, das keinen Platz auf dieser Welt hat. Genauso war das bei mir. Dadurch wurde der Glaubenssatz „Ich bin nicht richtig, so wie ich bin. Ich habe keinen Platz in dieser Welt, weil ich so bin, wie ich bin“ in mir aufgebaut und hat sich natürlich auch manifestiert, bis ich erkannt habe, dass dies nicht meinem Wesen entspricht und es sich um eine Illusion des Egos handelt.

Es waren und sind immer noch die Träumer und Visionäre, die die Welt zum Positiven verändert haben und die dazu beitragen, dass die Schönheit in der Welt immer noch existiert, aufrechterhalten wird und durch die die Fantasie genährt wird. Unsere Fantasie ist der Stoff, aus dem unsere Träume und Visionen gewebt werden und sie wird zur Wirklichkeit, wenn wir unsere Träume aufrechterhalten und alles tun, um sie zu verwirklichen, indem wir sie mit unseren Gedanken und unserer Liebe nähren. Durch uns, die wir nicht aufgehört haben, an unsere Träume zu glauben, und sie in uns immer zum Leben erweckt haben, wird eine neue Welt entstehen, mit einer neuen Weltordnung, mit der Liebe im Zentrum. Auch daran habe ich immer geglaubt und ich tue es bis zu diesem Augenblick, auch wenn es aktuell noch nicht so aussieht, aber es wird geschehen. Die nötigen Veränderungen geschehen in kleinen Schritten, aber diese sind sehr wirksam und nachhaltig.

Ich behaupte sogar, dass das Träumen und der beharrliche Glaube an unsere Visionen vor allem in ausweglosen und lebensbedrohlichen Situationen überlebenswichtig sind, das kann ich aus eigener Erfahrung sagen. Unsere Visionen verleihen uns in schwierigen Zeiten Durchhaltevermögen und geben uns Kraft und Mut, sie zu überstehen. Visionen verkörpern den Sinn unseres Lebens. Seinem Leben Sinn zu verleihen, ist ein wichtiger Aspekt für Glück und Zufriedenheit. Wenn wir den Sinn in unserem Dasein entdecken, wird unser Leben auf eine höhere Stufe angehoben und erhält somit Wertigkeit, da wir uns und unser Leben als wertvoll und wichtig erachten.

Mit unseren Visionen und Träumen ihrer Verwirklichung erschaffen wir eine neue Welt, eine Welt, wie wir sie uns immer gewünscht und erträumt haben

Das Wirken des Heiligen Geistes

Der Heilige Geist hat die Macht, das Feuer des Herzens zu entzünden, durch die ich bereit war, die Liebe Gottes zu verkünden. Seine Kraft ist viel stärker als der Mensch in mir. Er führt alles zusammen und schafft Raum für das Wir und das Jetzt und Hier. Seine Präsenz hat mich überwältigt und meine menschliche Kraft vervielfältigt. Gottes Liebe und sein Geist haben in meinem Leben Wunder vollbracht und vieles in mir bewegt, das hätte ich niemals gedacht.

So wie die Taube, die den Frieden symbolisiert und sich mit ihren sanften Schwingen in die Lüfte erhebt, können auch wir uns mit unseren energetischen feinstofflichen Flügeln erheben und so eine ganz neue Sichtweise einnehmen.

Durch die Vogelperspektive wird Klarheit und die Erkenntnis der Wahrheit in uns entfacht und das Chaos in uns wird in Ordnung gebracht.

Durch den Heiligen Geist werden Kräfte und Energien in uns ausgelöst, die die menschliche Ebene übersteigen. Durch den Heiligen Geist offenbaren sich der Geist und die Macht Gottes. Wir werden in unserem Denken, Sprechen und Handeln geführt.

In diesem Moment fragen wir uns: „Warum habe ich dieses oder jenes gesagt oder getan?“

Es ist so, als ob jemand durch uns spricht und durch uns handelt. Dieser jemand ist Gott, der in diesem Augenblick ein Wunder an uns vollbringt. Das ist weder überheblich noch verwerflich – im Gegenteil. Wir alle sind geistige und telepathische Wesen und haben diese Gabe von Gott als Geschenk erhalten, um sie der Welt somit auch Gott wieder zum Geschenk zu machen. Dadurch schließt sich der Kreislauf zu Gott in uns.

Auf diese Weise entstehen auch meine Bücher. Ziemlich alle Passagen, auch in meinem ersten Buch, sind rein gechannelte Botschaften, d.h. durch die Durchsagen des Geistes Gottes übergeben worden. Ich könnte als Mensch nicht mit diesen Worten schreiben. Wir alle haben diese Gabe, nur die meisten nutzen diese Gabe auch unbewusst, z.B. Künstler, Musiker, Autoren und Dichter.

Auch hier geht es nur darum, den Verstand für einen Moment hinter sich zu lassen, um sich für die Botschaften aus der göttlichen Ebene zu öffnen. Es geht um das Hinhören und darum, zuzuhören und sich selbst und seiner göttlichen Führung zu vertrauen. Durch die Führung des Heiligen Geistes sind auch alle Zweifel ausgeschaltet. Mit seiner Kraft und Macht sind wir in der völligen Klarheit und im Flow.

Alle Heiligen wie z.B. Franziskus, der heilige Florian, der heilige Martin und auch Maria haben durch den Heiligen Geist gewirkt und so ihren göttlichen Auftrag erfüllt. Auch Jesus wurde durch den Heiligen Geist geschult und geführt, aber auch er wurde von seinem Ego auf die Probe gestellt, genauso wie wir. Gott hat so durch sie und an ihnen seine Wunder vollbracht. Aber auch sie waren „normale Menschen". Auch sie hatten dieselben Probleme und Schwierigkeiten, den Alltag zu bewältigen, und sind dabei genauso oft wie wir an ihre menschlichen Grenzen gestoßen. Doch sie sind beharrlich ihrem Herzen gefolgt und haben ihre Zweifel, Ängste und Glaubenssätze, die durch das Menschsein zum Vorschein gekommen sind, überwunden. Der Heilige Geist hat sie über das Bewusstsein des Menschseins hinausgetragen und ihnen neue Ebenen und Möglichkeiten des Seins eröffnet. Und auch wir sind dazu in der Lage, diese Erfahrungen zu machen, wenn wir uns über das Menschsein hinausbewegen und uns in neue Bewusstseinsebenen wagen und bereit sind, uns vom Geist Gottes und unserem Herzen führen zu lassen.

Durch den Heiligen Geist werden wir zum Werkzeug Gottes. Durch die Macht seines Geistes wird alles möglich, was uns mit rein menschlicher Kraft unmöglich erscheint. Seine Kraft übersteigt die menschliche Daseinsebene bei Weitem. Der Heilige Geist verleiht uns göttliche Superkräfte. Ich weiß, das klingt wie bei Asterix und Obelix – dieser Vergleich erscheint mir jedoch passend. Ich finde keine Worte, um die Wirkung seiner Kraft zu beschreiben. Nur wer die Kraft des Geistes Gottes schon einmal gespürt und durch die göttliche Führung so manches, das vorher unmöglich erschien, vollbracht hat, kann nachvollziehen, wovon ich hier spreche.

Eines Tages habe ich während meiner täglichen Mediation von meinem Geistführer Jesus folgende Botschaft erhalten:

Euer Unterbewusstsein wird jetzt ins Bewusstsein transformiert, um sich mit eurem Höheren Selbst verbinden zu können. Dadurch wird uns vor allem der Umgang mit uns selbst in Zukunft schneller bewusst und wir dürfen unseren Schmerz erkennen und spüren und ihn sofort durch die Verbundenheit mit unserer Seele verwandeln.

Der Seelenstern

Mein Stern leuchtet hell über mir am Horizont und zeigt mir den Weg in dunkler Nacht. Er ist der Kompass auf meinem Weg, zu meinem Seelenkern, der mir von Gott selbst gesandt wurde.

Mein Stern ist über mir aufgegangen. Ich folge ihm so wie damals die Hirten in jener Nacht, in der das Wunder der Geburt Gottes als Mensch auf Erden geschah. Die Hirten machten sich auf den Weg, ohne Zweifel und Angst, mit vollkommenem Gottvertrauen und dem Glauben daran, dass sie durch den Stern, der über ihnen leuchtet, den Weg zum Jesuskind finden werden.

Es ist mir nun endlich gelungen, meinen Seelenstern freizulegen. Nun kann er sein ganzes Potenzial und seine Strahlkraft entfachen.

Der Seelenstern ist unser Geschenk und gehört zu unserem göttlichen Erbe. Wenn wir erwachen, öffnet sich unser Seelenstern. Wir werden zum Christus. Christus ist die Bezeichnung für den göttlich erwachten Menschen auf Erden.

Jeder von uns hat seinen einzigartigen Seelenstern, der nur darauf wartet, von uns entdeckt zu werden. Er verbirgt sich hinter dunklen Wolken, hinter dem Schleier des Verstandes und der Angst vor unserer göttlichen Größe.

Mit unserem Seelenstern an meiner Seite sind wir immer auf meinem göttlichen Weg, der uns immer tiefer zu unserer Seele führt, die unser wahres Wesen bereithält und die es allen offenbart, die bereit sind, es anzuschauen.

Unser Seelenstern stellt die Verbindung zu unserer Seele dar, wie eine Brücke, die ins Licht nach Hause führt. Diese Verbindung zu unserer Göttlichen Heimat und Herkunft bleibt immer bestehen, bis in alle Ewigkeit. Sie ist unantastbar, genauso wie unsere Göttlichkeit.

Der Seelenstern zeigt uns den Weg nach Hause zu unserer Göttlichen Heimat in uns sowohl als Mensch auf Erden als auch als Seele, wenn wir unsere Reise zurück ins Licht antreten. Unser Seelenstern bleibt auch über den physischen Tod hinaus bestehen. In ihm sind alle Erfahrungen, die wir als Mensch auf Erden gemacht haben, gespeichert. Mit diesen Erfahrungen im Gepäck kehren wir auf die Seelenebene zurück und können uns so mit anderen Seelen darüber austauschen.

Er ist immer da, so wie die Sonne, die auch an regnerischen Tagen scheint, auch wenn wir sie nicht sehen können. Der Seelenstern wird aktiviert, wenn wir unsere Angst vor unserer göttlichen Größe und vor der Wahrheit unseres Herzens überwunden haben.

Unser persönlicher Seelenstern befindet sich als Chakra einige Zentimeter über unserem Kronenchakra und leuchtet in einem kräftigen Magenta-Pink.

Channeling zum Thema Selbstliebe

Geliebte Kinder des Lichts!

Ihr könnt euch gar nicht vorstellen, wie sehr ihr von Gott und allen Lichtwesen geliebt, bejaht und unterstützt werdet. Wenn ihr jene Liebe und Zuneigung auch nur ansatzweise spüren würdet, die wir für euch empfinden, dann würdet ihr auch selbst mit ganz anderen Augen sehen.

Ihr seid unendlich wunderschöne von Gott und den Wächtern der Schöpferenergie geschaffene Lichtwesen, die durch den Schleier des Verstandes die Klarheit und die eigene Schönheit nicht sehen können. Doch das darf und wird sich in den nächsten Monaten verändern. Ihr werdet bereits jetzt so stark durchlichtet, dass ihr es alle spüren könnt. Ihr könnt alle Veränderungen an euch wahrnehmen. Ihr werdet empfindsamer und empathischer eurer Umwelt gegenüber, aber ihr geht auch achtsamer und sensitiver mit euch selbst um. Ihr kommt immer mehr in die Selbstfürsorge und Selbstannahme. Euer Selbsthass und eure Ablehnung eurem Körper oder bestimmten Bereichen eures Körpers gegenüber darf sich verwandeln und sich vollkommen im Licht auflösen. Ihr werdet Dinge tun und sagen, die ihr vorher nie für möglich gehalten habt. Ihr werdet jetzt vorbereitet auf das wahre göttliche Leben auf Erden, auf jenes Leben, welches Gott für seine Kinder von Anbeginn der Zeit gedacht und kreiert hat.

Durch den Aufstieg in die Neue Licht-Frequenz wird die Ursprungsenergie in jedem Lebewesen wieder aktiviert, sodass sich alle erinnern können, die sich erinnern möchten, weil sie sich dafür entschieden haben. Alle physischen Körper werden sich Schritt für Schritt wieder nach der göttlichen Quelle ausrichten und so wieder in die göttliche Ordnung gelangen. Eure Zellen werden wieder in ihren ursprünglichen

Zustand zurückkehren und ihre gedachte Funktion übernehmen. Euer Körper wird so noch feinstofflicher und immer mehr vom Licht Gottes durchflutet. Licht ist Nahrung für den Energiekörper und auch für die Seele. Ihr werdet in der Lage sein, immer mehr Licht im Lichtkörper aufzunehmen, zu speichern und in euren physischen Körper zu übertragen. Ihr werdet euch neu erschaffen, so wie ihr sein wollt, und eure Liebe zu euch selbst wird wachsen, so wie die Liebe zu euren Mitmenschen und zur gesamten Schöpfung.

Auch euer Vertrauen in euch selbst, eure göttliche Führung und eure Intuition wird spürbar gestärkt und eure Selbstzweifel und die Angst werden sich auflösen. Ihr braucht keine Bestätigung mehr von außen, denn ihr wisst intuitiv, was zu tun und für euch richtig ist, und ihr vertraut darauf. All das geschieht durch eure bewusste Anbindung an die göttliche Quelle in euch und eurer bewussten Empfänglichkeit der Liebe Gottes.

Wir, die Lichtwesen und Lichtarbeiter auf der anderen Ebene des Lebens, sind stets an eurer Seite, dessen könnt ihr euch immer sicher sein. Die Zeit des Vergessens ist nun vorüber und die Zeit des Erinnerns und des nach Hause Kommens ist nun angebrochen.

Ich verneige mich vor euch. Shalom Adonai Jesus – Der ICH BIN

Liebe dich auch in schlechten Zeiten und vertraue darauf, dass wir dich begleiten. Achte dich selbst und sei es dir wert und höre nur darauf, was dein Herz dich lehrt.

Lass nicht zu, dass der Zweifel dein Licht verzehrt, nein, bleibe in der Liebe, die deine Schöpfermacht nährt.

Erinnere dich an deine göttliche Herkunft und handle nicht nur nach deiner Vernunft. Du bist nicht von dieser Welt, sondern du wurdest zum Dienst am Licht hier herbestellt. Du bist nicht allein. Kannst du es spüren, wenn Gleichgesinnte dein Herz und deine Seele berühren.

Glaube an all das, was dich ausmacht, und an deine Macht, all das hast du hierher mitgebracht.

Gott sieht dich mit den Augen einer unendlich liebenden Mutter und eines unendlich liebenden Vaters, deshalb darfst du dich an ihn wenden, wie ein Kind, das Schutz und Geborgenheit sucht. Er ist deine Zuflucht. Er ist deine Schutzhütte, die dich im Sturm des Lebens aufnimmt, dich trocknet, wärmt und nährt.

Du wurdest vorbereitet und geschult für deine göttliche Mission, um die Erde zu befreien aus der dualistischen Illusion.

Du bist so viel mehr als das, was du jetzt denkst, und viel mehr als das, worauf du meist deine Aufmerksamkeit lenkst.

Dein Weg ist heilig, von Gott gesegnet. Seine Gegenwart ist dir schon oft begegnet.

Wenn du dich selbst liebst, strahlst du diese Liebe aus und bist Licht für die Welt und für alle, die dir begegnen. Viele Menschen werden es spüren, sich darüber freuen und dich segnen. So bist du ein Leuchtfeuer der Liebe, das sich ausbreitet und die Herzen vieler erreicht und berührt.

Die Liebe Gottes ist die Essenz unseres Seins und des Lebens. Mit der Liebe Gottes sind wir alles. Ohne die Liebe Gottes sind wir nichts.

Alles ist aus der Liebe Gottes geworden. Alles wurde durch die Liebe Gottes geschaffen.

Die Liebe Gottes und sein Heiliger Geist verleihen uns Flügel und Kräfte, die alle menschlichen Energien und Kräfte übersteigen. So geschehen Wunder und das ist wunderschön!! Trotz aller Widrigkeiten: Gottes Liebe trägt uns, wenn wir zu schwach sind, um selbst zu gehen. Seine Liebe ist Nahrung für unsere Herzen. Sie hat die Macht, unsere Herzen zu heilen, in dem Moment, in dem wir es zulassen.

Richten wir unseren inneren Blick auf Jesus: Er hat uns gezeigt, wie ein Leben in der höchsten Übereinstimmung mit der Liebe Gottes aussehen kann und welche lichtvollen Auswirkungen sich dadurch im Außen manifestieren. Selbstliebe ist ein wichtiger Aspekt auf diesem Weg und das ist für uns alle möglich, jetzt noch viel mehr als jemals zuvor.

Jesus hat das Licht und die Liebe Gottes in den Menschen aktiviert und sie daran erinnert, wer sie in Gottes Augen sind. So hat er sie zur Selbstermächtigung geführt und er tut es bis zu diesem Augenblick, bei allen Menschen, die sich seiner Liebe öffnen. Ganz egal, welche Vergangenheit und welche Lebensgeschichte zu uns gehört, Jesus kennt unser Innerstes. Er sieht unseren göttlichen Kern, sogar besser als wir selbst.

Danksagung

Mein aufrichtiger Dank gebührt all meinen geistigen Helfern, meinem geistiges Team, allen Lichtwesen, meinen geliebten Engeln, meiner geistigen Heimat, und meinem Geistführer Jesus:

Vielen Dank für die wunderbaren Inspirationen und für die Unterstützung, wodurch dieses Buch entstehen konnte.

Ich danke euch, dass ich in meinem Leben die perfekten Voraussetzungen vorfinde, um meine Bücher entstehen zu lassen, vor allem Ruhe, Ausdauer und Tatkraft.

In Lichtgeschwindigkeit durfte mein zweites Werk entstehen, zwar nicht so schnell wie mein erstes Buch, aber ihr kennt den richtigen Zeitpunkt, bis es so weit ist, und teilt mir jenen Moment mit.

Ich bin in meiner Berufung angekommen und sehr glücklich darüber!!

Ihr seid die Besten!!

In tiefer Liebe und Demut

Eure Shananta e …

Zur Erklärung: Shananta e ist mein Seelenname, der mir während einer Übung in der Ausbildung zum Engel-Medium bei Belgin Groha von der geistigen Welt übergeben wurde.

In meinem Buch „Manifestation der Liebe – Die Vollendung unserer göttlichen Mission“ kannst du mehr über dieses Thema nachlesen.

Über die Autorin

Mein Name ist Silvia Weidinger. Ich wurde 1985 in Linz in geboren und bin im wunderschönen Mostviertel in Niederösterreich zu Hause. Ich liebe Tiere und habe zwei Katzendamen.

Von Beruf bin ich Dipl. Sozialbetreuerin für Altenarbeit. Meine Berufung habe ich jedoch in der Tätigkeit als Engelmedium und Botschafterin der Liebe. Ausgebildet wurde ich darin von Belgin Groha. Im März absolvierte ich die Ausbildung zum Engelmedium, im September die Ausbildung: Medialität und Jenseitskontakte.

Zudem bin ich leidenschaftliche Autorin. Mein erstes Buch „Manifestation der Liebe – Die Vollendung unserer göttlichen Mission“ ist im Oktober im Rediroma-Verlag erschienen.

Ursprünglich habe ich meinen Weg mit Reiki begonnen und wurde in alle 7. Grade eingeweiht. Vor ca. zwei Jahren habe ich mich jedoch in eine neue Richtung orientiert und entwickelt und meine spirituelle Tätigkeit auf völlig neue Beine gestellt.

Kontakt unter:
silvia.weidinger@gmx.at
silvia.weidingermanifestationderliebe.at
Facebook: Silvia Weidinger Engelmedium und Botschafterin der Liebe
Meine Facebook-Gruppe: Facebook-Gruppe: Im Christusbewusstsein die Liebe Gottes erfahren und zum Christus erwachen
Hier erfährst du alles über meine spirituellen Angebote.
Ich freue mich auf dich! Sei gesegnet und umarmt
Silvia-Shananta e